달마선
達摩禪

달마선
達摩禪

원조 박건주 著

운주사

저자 서문

달마대사가 전한 선법禪法이 주로 『능가경』에 의거한 까닭에 그 선법을 능가선이라고도 한다. 달마대사가 전한 선법은 후일 왜곡되고 오해되어 가다가, 나중에는 화두선이 나와 유행하게 되면서부터 순선純禪과 정통선의 자취는 갈수록 희미해지게 되었다. 더욱이 선종사禪宗史에 대한 이해가 왜곡되고, 여래선如來禪과 조사선祖師禪, 돈법(頓法 : 頓悟, 頓修)과 점법(漸法 : 漸悟, 漸修) 등의 용어가 기본 교의敎義를 갖추지 못한 가운데 난무하다 보니 후인들은 갈수록 혼란의 와중에서 갈피를 못 잡거나 사邪를 정正으로, 정正을 사邪로 인식하는 모습을 연출하게 되었다. 혜가慧可대사가 설법을 마치고 자주 탄식하며 말하길,

"이 『능가경』이 사세四世 후에는 변하여 이름만 남을 것이니 이 얼마나 비통한 일인가!"(『속고승전』 권16 혜가전)

라 하였고, 송대宋代의 소동파[蘇軾]는 당시 불교계의 풍조를 한탄하여 이렇게 말하였다.

"요즈음의 배우는 사람들은 각기 그 스승을 종宗으로 삼아 간편함에만 힘써 따른다. 일구일게一句一偈를 얻고는 스스로 자신이 증득하였다고 말한다. 심지어 부인이나 어린애에 이르기까지 기분 좋게 웃으면서 선열禪悅이 어떻다느니 하면서 다투어 말한다. 위에 있는 이들은 명예를 위해서, 아래에 있는 자들은 이익을 위해서 그러하며, 그밖의 말류末流들은 이리저리 좇아다니지 않음이 없어 불법佛法이 쇠미하게 되었다.……"(『능가아발다라보경』(4권본 능가경) 서문)

이러한 모습이 언제까지 이어져야 할 것인가. 선종이라고 자임하면서『능가경』은 강원의 과목에서 제외되어 있고, 교선일치가 제대로 된 수행자를 찾아보기 힘들다. 다행히 1세기 전 돈황에서『능가사자기』를 비롯한 초기 선종 조사들의 전기와 선어록을 담은 자료가 다수 발견되고 번역 소개되어 어느 정도 순선시대의 진면목을 파악할 수 있게 되었다.

필자는 7권본 능가경인『대승입능가경』을 역주하여『여래심지如來心地의 요문要門 - 대승입능가경 역주』(능가산방, 1997)라는 이름으로 출간하였고, 이어『능가사자기 역주』(운주사, 2001)를 출간하였다. 그간 이 책을 읽고 뜻을 함께 하는 여러 불자들의 성원이 있었고,『능가경』의 뜻을 쉽게 풀어 출간해 주면 좋겠다는 부탁이 있었다. 그래서 우선 실제 달마선 수행에 지침이 될 수 있고, 왜곡된 여러 사항들을 올바로 이해할 수 있도록 하기 위해 달마선(능가선) 관련 주요 사항들을 조목별로 간추려서 그 요의를 해설하고자 하였다. 마침 작업 진행 중에 계간지 『광륜光輪』에서 원고 요청이 와서 이 글을 각 조목별로 싣기로 하고, 4년간에 걸쳐 연재하면서 초기 선종기 달마선의 주요 사항에 대해서는 대략 설명한 셈이 되었다.

달마선(능가선)의 선지禪旨는 대승의 심의深義에 의거한지라 여러 면에서 쉽게 해설한다고 하였으나 이해하기 어려워하는 분들이 많다. 그래서 연재된 글에 약간이나마 주석식의 해설을 부가하여 용어와 뜻에 막히기 쉬운 곳들을 쉽게 풀이하였다. 아울러 연재된 본문도 보완과 수정을 하였다.

한편 능가선(달마선)에 대한 전문 학술연구서로서 『중국초기선종 능가선법 연구』를 본서의 자매편으로 곧이어 출간할 계획이다. 양서兩書를 함께 참고한다면 서로 보완이 되어 깊고 넓게, 그리고 보다 뚜렷하게 능가선법을 이해할 수 있을 것이다.

이 글을 통해 달마의 진전眞傳이 다시 올바로 천명되고, 널리 전파되어 많은 대중들이 원만 성취할 수 있기를 바란다.

나무석가모니불! 나무아미타불!

佛紀 2550년(2006년) 4월

無等山下 능가산방에서 元照 朴健柱 合掌

저자 서문 ——— 5

제1장 달마선과 능가선과 정통선 ——— 11

제2장 유심唯心과 무생법인無生法忍 ——— 29

제3장 문자어언 공부에 치우치지 말라는 뜻 ——— 42

제4장 달마선은 반야선 ——— 51
　- 반야무지般若無知

제5장 즉입卽入의 가르침 ——— 63
　- 무주無住와 즉심卽心과 신심信心

제6장 회향廻向과 초발심 ——— 75
　- 불심佛心과 이심전심以心傳心

제7장 염불念佛이란 염불심念佛心이고, 불심佛心은 무상無相이다 - 87

제8장 점법漸法과 돈법頓法 ——— 122
　- 무수지수無修之修

제9장 돈頓·점漸의 상관성 ——— 137

제10장 여래선如來禪과 조사선祖師禪 ——— 156

제11장 심일경성心一境性—鏡性과 심일경성心一境性—境性 ——— 176
　- 정혜무이定慧無二의 선법禪法

제12장 사물을 가리켜 바로 묻는 뜻 ——— 188
　- 능가선과 간화선

제13장 간심看心과 불사不思·불관不觀·불행不行 ——— 200
  -티베트의 종론宗論

제14장 심성을 알라識心見性 ——— 216
  -불기不起, 이견離見, 부동不動, 무심無心, 막망莫忘

제15장 한국 선법禪法의 초조初祖 원효대사 ——— 231
  -구종주심九種住心, 직심直心, 벽관壁觀, 즉심卽心
  -망심忘心

제16장 『원각경』의 수순각성隨順覺性 법문과 사병四病 ——— 246

참고문헌 ——— 261
찾아보기 ——— 265

제1장 달마선과 능가선과 정통선

초기 선종, 순선純禪시대의 선법을 달마선達摩禪 또는 능가선楞伽禪이라고 한다.

왜 달마선을 능가선이라고 하는가. 달마대사가 동쪽으로 온 뜻은 바로 『능가경』을 심요心要로 하는 '능가선'을 전하고자 한 까닭이다.

능가楞伽_능가Lanka의 본 어의語義는 '가기 어려움, 이르기 어려움, 들어가기 어려움'의 뜻이다. 『능가경』이 설해진 곳이 바닷가에 우뚝 솟은 능가산 정상의 능가성城인데, 이는 설해진 장소로서 본 법문이 깊고 현묘하여 이르기 어려운 것임을 드러낸 것이라 한다.

달마대사는 이조二祖 혜가대사에게 『능가경』을 전하며 다음과 같이 말하였다.

"이『능가경』4권을 너에게 부촉한다. 이 경은 여래심지如來心地의 요문要門'이며, 모든 중생을 개시오입(開示悟入 : 가르침을 펼쳐 보이어 깨달음에 들게 함)하게 할 것이니라."(『능가아발다라보경』(능가경 4권본)의 서문)

"내가 보건대 중국에 오직 이 경이 있을 뿐이다. 어진 이가 이에 의지하여 행한다면 스스로 증득하여 세상을 제도할 수 있을 것이니라."(『속고승전』권제16 혜가전)

이리하여 초기 조사들은 이『능가경』에 의거하여 심인상전(心印相傳 : 自心에서 증명한 결정의 진리를 이어 전함)하고 심요心要로 삼아 수행하였다.1 그리고 달마대사는 주위의 간청으로 좌선하는 대중을 위해『능가요의楞伽要義』1권을 지었고,2 혜가대사의 제자 10인이 각기『능가경』에 대한 주소注疏를 저술하였다.3 그래서 중국의 호적胡適, 1891-1961은 이 종宗을 '능가종楞伽宗'이라 칭하였다.4

---

1 소동파(소식)의『능가아발다라보경』序文.
2 박건주 譯註,『능가사자기(楞伽師資記)』p.92.(운주사, 2001)
3 도선(道宣)의『속고승전』감통편 法沖傳.
4 胡適,「楞伽宗考」,『中央研究員歷史語言研究所集刊』5-3, 1935.(『胡適學術文集--中國佛學史』, 中華書局, 北京, 1997에 再錄) 호적이 이 글에서 초기 선종과

신수神秀, 605-706・현색玄賾 양사兩師의 제자 정각淨覺, 683-750?이 지은 『능가사자기楞伽師資記』와 여기에 인용된 현색의 『능가인법지楞伽人法志』는 초기 선종이 『능가경』에 의거한 종宗이었음을 명백히 입증해 주었다.5

많은 경전 가운데 왜 달마대사는 유독 『능가경』을 그렇게 중시하였는가.

한마디로 말한다면 '여래심지如來心地의 요문要門'인 까닭이다.

『능가경』은 모든 대・소승 경전의 요의를 망라하여 묘각妙覺에 이르는 길을 훤히 밝혀 주고 있기 때문이다.

모든 선불先佛께서 설한 법이며, 미묘제일微妙第一의 진실료의眞實了義인 까닭이고, '불어심품佛語心品'이라 하는 까닭이다.(소동파의 『능가아발다라보경서』)

중관中觀과 유식唯識의 모든 교법이 무생無生과 일심一心의 일법一法으로 융회融會되어 자심自心에서 묘각에 이르는 길을 확연히 보여 주는 까닭이다.

---

1 **묘각妙覺**_궁극의, 위없는 깨달음인 부처님의 깨달음을 말한다. 궁극의

『능가경』의 관계를 밝힌 것은 중요한 업적이지만 능가선법楞伽禪法을 돈법頓法이 아닌 점법漸法으로 본 것은 큰 잘못이다. 능가선이 돈법임은 이어지는 글에서 충분히 알 수 있을 것이다.

5 이와 관련된 자세한 내용은 앞에 든 『능가사자기』역주를 참조하길 바란다.

깨달음이라는 뜻에서 구경각究竟覺이라 하고, 위없는 올바르고 평등한 깨달음이라는 뜻으로 아뇩다라삼먁삼보리[無上正等覺]라 하고, 일체의 분별과 언설을 넘어선 불가사의不可思議의 깨달음인 까닭에 묘각이라 하며, 원만한 깨달음이라는 뜻으로 원각圓覺이라고도 한다. 이에 비하여 묘각의 일부분을 각 위位에 따라 차등으로 수용受用하게 되었다는 의미에서 보살초지初地에서 십지十地까지의 깨달음을 수분각隨分覺이라 하고, 초지보살 이전에 해오解悟하였을 때의 깨달음을 상사각相似覺이라 한다.

2 선불先佛께서 설한 법_『대승입능가경』 권1에서 여래께서 설하길 "과거에 제여래諸如來 응정등각應正等覺께서 모두 이 (능가)城에서 자심自心의 성지聖智를 증득하는 법을 설하셨으니……"라 하였다.

3 진실료의眞實了義_요의了義란 여래의 깨달음이 일체의 분별과 언설을 떠나 무소유無所有이고 불가득不可得임을 바로 개시開示한 궁극의 교의이다. 이에 대비하여 세속 중생의 분별 따라 이끌기 위해 임시방편으로 설한 교의를 불료의교不了義敎라 한다.

4 불어심품佛語心品_4권본 『능가경』의 첫째 품品, 장의 이름이 「일체불어심一切佛語心」이고, 본 품品의 게송에 대혜보살이 법문을 청하면서 "설하신 저 게송을 듣자오니, 대승의 모든 해탈문 가운데 제불심이 제일이나이다[大乘諸度門 諸佛心第一]"고 하였다. 『능가경』의 선지禪旨는 바로 무생無生인지라 유심唯心이고 일심一心이며, 유심唯心이고 일심一心이니 무생無生이라는 불심佛心의 의의義를 요지了知하는 데 있다.

5 중관中觀_용수(나가르쥬나)보살과 그 제자 제바보살에 의해 현창된 대승불교의 핵심 교의이다. 유有에 대한 집착을 벗어나게 해주기 위해 공空을 설한 것인데, 이 공空을 공이라는 관념[空見]으로 집착하여 이에

치우쳐 있는 현실을 벗어나게 해주기 위해 그 공이라는 것도 가명(假名 : 임시로 붙인 이름)일 뿐 그 실체가 어디에 따로 있는 것이 아니어서 공이라는 견見을 일으키면 공이라는 유有가 있게 되어 자가당착에 빠짐을 일깨우고, 유有가 무자성(無自性 : 인연화합으로 생긴 것이라 본래 그 자체가 있었던 것이 아님)이어서 공空이라 한 것이니 그 유有는 곧 가유(假有 : 자체가 없는 그림자로서의 有)의 뜻이 되고, 따라서 공과 가유假有가 불이不二임을 알아 (假)有와 공空 어느 쪽에도 치우치지 않아야 진실한 것이라 하고, 이를 중도실상中道實相, 중관中觀이라 하였다. 요컨대 일체의 분별은 모두 치우침이고 사견邪見인지라 모든 분별을 여덟 가지로 총합하여 타파하였는데 이를 팔불중도(八不中道 : 不生亦不滅, 不常亦不斷, 不一亦不異, 不來亦不出)라 한다.

6 유식唯識_용수보살 이후 1-2세기에 나온 무착(無着 : 아상가)과 세친(世親 : 바수반두) 형제에 의해 현창된 대승불교의 핵심교의이다. 용수의 가르침이 제대로 전해지지 못하고 공견空見에 빠지는 경향이 많아서 가유假有의 법을 무시하여 그 근본을 요달了達하지 못하는지라 그 가유의 법(존재)이 어디에서 어떻게 나온 것인가를 심식心識의 해부를 통해 소상히 밝혀 개시開示하였다. 그리하여 모든 존재가 오직 심식心識일 뿐이고, 밖의 존재들은 모두 자심自心이 전변轉變하여 드러난 것이며, 심식 외에는 아무것도 없고, 모든 것은 오직 이 마음이 만든 것임을 설파하였다. 결국 가유의 세계란 곧 심식일 뿐이고, 그 심식이란 본래 일심一心에서 무명無明으로 인해 견분見分과 상분相分으로 이분二分되면서 나온 꿈의 세계인지라 망妄이고 환幻과 같은 것일 뿐이다. 즉 유식唯識에서는 이렇게 가유假有의 존재가 불가득不可得이고 무소유無所有인 것임을 밝힌 것이니, 불가득이고 무소유라는 근본 취지는 중관中觀과

마찬가지이다.

정통선이란 무엇인가?

정통선에는 달마대사가 전한 최상승선으로서의 능가선과 최상승선에 바로 들지 못하는 이들을 위한 입문 내지는 방편수행으로서 삼십칠조도품(三十七助道品 ; 37보리분법)이 있다. 최상승선[頓法]을 하게 되면 삼십칠조도품의 수행을 모두 포괄하여 행함이 되며, 가장 원만하고 빠르며 올바로 행함이 되고 구경究竟의 극지(極地 ; 妙覺)에까지 오를 수 있다.(『금강삼매경론』)

37조도품(보리분법 ; bodhi-pākṣika ; 覺支)_불교수행의 기본 체계를 칠과 목七科目으로 분류한 것이다.

①**사념처四念處, 四念住**_신념처身念處, 수념처受念處, 심념처心念處, 법념처法念處.

②**사정근四正勤, 四正斷**_이미 일어난 악을 영원히 끊는 것, 아직 생기지 않은 악을 생기지 않도록 하는 것, 아직 생하지 않은 선을 생하도록 하는 것, 이미 생긴 선을 증장케 하는 것.

③**사여의족四如意足, 四神足**_욕여의족欲如意足, 정진여의족精進如意足, 염여의족念如意足, 사유여의족思惟如意足.

④**오근五根**_근根이란 능히 생하게 한다는 뜻이다. 이 오근이 능히 일체의 선법을 생하게 한다. 신근信根, 정진근精進根, 염근念根, 정근定根, 혜근慧根

⑤**오력五力**_역力은 역용力用의 뜻이다. 능히 악을 부수고 선을 이룬다.

신력信力, 정진력精進力, 염력念力, 정력定力, 혜력慧力.

⑥ **칠각분七覺分, 七覺支, 七覺意**_택법각분(擇法覺分 : 諸法의 眞僞를 능히 간별하는 행), 정진각분精進覺分, 희각분(喜覺分 : 眞法을 깨달아 가며 환희를 얻는 것), 제각분(除覺分 : 능히 여러 견해와 번뇌를 끊는 것), 사각분(捨覺分 : 능히 所見의 집착 경계를 버리는 것), 정각분(定覺分 : 능히 發한 선정을 뚜렷이 覺하는 것), 염각분(念覺分 : 능히 닦는 道法의 뜻을 사유하는 것).

⑦ **팔정도八正道, 八聖道, 八道諦**_정견正見, 정사유正思惟, 정어正語, 정업正業, 정명正命, 정정진正精進, 정념正念, 정정正定.

여기서 말하는 능가선楞伽禪은 곧 대승의 심의深義에 바탕한 정통선이며, 최상승선이다. 사실 정통선이 아니면서 최상승선은 있을 수 없다. 교의敎義를 올바로 뚜렷이 이해하면 그 자리에 정통선이 있다. 교의에서 올바로 뚜렷이 이해하면 자심에서 성스러운 진리(지혜)를 깨닫는다.『능가경』에서 자주 나오는 '자증성지(自證聖智 : 자심에서 증명하는 성스러운 지혜)'는 곧 이를 말한다.

『대승입능가경』(7권본)의 제일 마지막 구절이

교敎는 리理로부터 이루어지고
리는 교로부터 나타나나니
마땅히 이 교와 리에 의거하고,
그밖의 다른 분별 다시는 하지 말지니라.

이다. 정통선이란 바로 교教로부터 리理를 깨달아 알고[了知], 그 리理에 의거하여 행함이니, 이것이 곧 교선일치教禪一致이며 제불諸佛 공통의 성불의 길이요 가르침이다. 증證이란 곧 사(事 : 현실)에서 그 리理에 여如하게 됨이다. 이를 이입理入과 행입行入이라 하고, 달마대사의 『이입사행론二入四行論』이나 『금강삼매경론』에 자세히 설명되어 있다. 불법 만나기도 극히 어렵지만 불법 만났어도 정법正法 만나기 더욱 어렵다 하였으니, 불교수행을 한다고 하지만 아차 하면 외도수행을 하고 있는 경우가 허다하다. 『능가경』은 특히 이 그릇된 길에 빠지지 않도록 하기 위해 정도正道이며 돈법(頓法 ; 최상승선)인 교와 리를 소상히 가르치고 있다.

여기에서 최상승선(돈법)과 점법漸法, 내지는 이승二乘·삼승三乘·외도선外道禪의 구분이 명확히 이루어진다. 불교는 먼저 알고 가야 한다는 가르침이다. 그래서 선오후수先悟後修라고 한다. 단지 유의할 것은 선오(先悟 : 먼저 깨우친다)란 교를 통해 이법을 깨우쳐 아는 것을 말하는 것이지 화두선話頭禪처럼 어떠한 의문을 참구하다가 깨우치는 것이 아니라는 것이다. 교를 통해 리理를 알았는데 새삼 무엇을 의문으로 챙길 필요가 있겠는가. 구나발다라 삼장과 달마대사를 비롯한 순선시대의 조사들이 사물을 가리키며 이것이 무엇인가 하고 묻는 소위 지사이문指事以問한 바 있으나(『능가사자기』) 이 질문은 이를 화두처럼 참구하라는 것이 아니다. 이법理法을 알아 무념無念 무심無心이 되었을 때 그 사물의 진미眞味 실상實相이 몸으로 증득되는 것이니[身證] 그 질문을 통해 바로 일체의 법상法相과 상념을 떠나 그 사물에 즉即하라는 가르침이다. 이에 대해서는 후에 한 조목으로 자세히 설명한다. 요컨대 교敎를 통해 리理를 뚜렷이 알 때 정법과 정통선의 길이 열리는 것이다.

법상法相_모든 개념·상념이 다 포함된다. 불교에서 말하는 용어로 된 모든 법도 이 가운데 들어간다. 불교에서 설하는 법문들은 달을 가리키는 손가락 역할을 하는 것이니 달을 보고자 하건대 그 손가락도 버려야 한다. 그래서 일체의 법상도 버려야 한다고 하는 것이다.

참고로 『능가경』의 판본에 대해 간략히 소개한다.[6]
이제까지 『능가경』은 4종이 중국에서 번역되었는데 그 가운데 담무참曇無讖, 385-433이 번역한 본은 오래 전에 망실亡失되었고, 현재는 구나발다라 삼장이 남조南朝 유송劉宋의 원가元嘉12년(435년)에 번역한 4권본인 『능가아발다라보경』과, 보리유지菩提流支가 북위北魏 연창延昌2년(513)에 번역한 11권본인 『입능가경入楞伽經』, 그리고 당唐 측천무후則天武后의 청에 의해 실차난다實叉難陀가 구역본舊譯本들과 새 범본梵本을 참조하여 중종中宗 장안長安4년(704)에 번역 완료한 7권본인 『대승입능가경大乘入楞伽經』이 있다. 달마

---

[6] 박건주 역주, 『如來心地의 要門 ; 대승입능가경 역주』(능가산방, 1997), 解題 참조.

대사가 혜가에게 전한 『능가경』이 바로 구나발다라의 역본이다. 당시에는 『입능가경』은 있었으나 『대승입능가경』은 없었다. 『입능가경』은 비록 11권으로 장章은 모두 갖추었지만 번역이 난삽하고 잘못이 많아 난해하고 오해하기 쉽다. 그래서 달마대사가 완본完本은 아니지만 번역이 더 명료한 4권본 『능가아발다라보경』을 제자들에게 전하였을 것이다. 그러나 이 4권본은 중요한 게송품이 없는 것이 큰 흠이다. 필자가 번역한 7권본 『대승입능가경』은 앞의 두 본本의 부족한 점을 보완하고 개량하기 위해 편찬한 것으로 앞의 두 본本과 새 범본梵本을 참조하여 새로 번역한 것이어서 가장 잘 되어 있다고 할 수 있다.

능가선법에 대해 주요 조목별로 기술하기 전에 먼저 그 총체적인 요의를 약술하면 다음과 같다.

부처님께서 무엇을 깨달으시어 영원히 생사에서 해탈하셨는가.
바로 무생법인(無生法忍 : 모든 존재가 본래 생한 바가 없다는 진리)이다.
본래 무생無生인데 사死가 어디에 있겠는가.
왜 일체법(모든 존재)이 무생無生인가.
오직 일심一心일 뿐이기 때문이다.
왜 오직 일심일 뿐인가.

능(能 : 주관, 인식주체)과 소(所 : 객관, 인식대상)가 불이不二이며 따로 있지 않은 까닭이다.

일체법은 오직 자심소현(自心所現 : 자심이 나타난 것)이기 때문이다.

심외무법(心外無法 : 마음 밖에 아무것도 없음)이기 때문이다.

유식(唯識 : 오직 심식일 뿐)이기 때문이다.

그러니 마음에서 무엇을 얻을 것인가.

무엇을 얻었다 하면 거기에 이미 능能과 소所가 있게 되니 이것은 꿈속이다.

본래 일심인데 무명無明의 바람이 문득 몰아쳐

일심에서 견분(見分 : 보는 자리)을 내니

동시에 상분(相分 : 보이는 대상의 자리)이 있게 됨이라.

여기서 식識의 전변이 이어지며 꿈속을 헤매게 되었다.

꿈에서 일어난 것이 일어난 것인가.

꿈속에서 생하고 멸한 것이 생하고 멸한 것인가.

내가 꿈속에서 지리산을 갔다 한들 깨고 나면 언제 간 바가 없다.

꿈에서 왔다 갔다 하였지만 본래 내 마음 그 자리에서 벗어난 바가 없다.

본래 일심一心이거늘

무엇이 생生하였다 한들 본래 마음 그 자리 아닌가.

무엇이 멸하였다 한들 언제 생한 바가 있었는가.

무엇이 생생하였다 한들 언제 멸한 바가 있었는가.
돈오頓悟란 곧 '얻을 바 없음을 깨달음'이다.
심心을 얻을 바 없다.
심心은 대상이 될 수 없기 때문이다.
심心이 언제 생생한 바 없기 때문이다[無生].
심心을 얻을 바 없으니 번뇌 또한 얻을 바 없다.
그래서 번뇌를 멸함도 얻을 바 없다.
그래서 번뇌를 멸한 열반도 얻을 바 없다.
아我란 대상이 될 수 없거늘
아我가 있다고 할 것인가 없다고 할 것인가.
생각할 수 없음이다.
마음 둘 곳이 없다.
마음 갈 곳이 끊어지고[心行處滅],
일체의 언어 분별을 떠났다[言語道斷].
마음을 어떻게 하고자 하면 이미 최상승선이 아니며
능가선(달마선)이 아니다.
그래서 무심無心이라 하나 무심이 어디에 있을 것인가.

無境則無心 경계 없음이(경계 없게 되면) 곧 무심인데
云何成唯識 어찌 유식을 따로 세우리.
(『대승입능가경』 권제7 게송품)

무심無心이고 유식唯識이라 말하나
무심과 유식이 어디에 따로 있을 것인가.

어떻게 망상을 소멸할 것인가.
망상이 본래 생긴 바가 없음을 알면
소멸시킬 망상이 없고,
마음이 그대로 무심無心임을 알면
망상을 소멸할 수 있다.

대승 교의의 핵심은 공空·무상無相·무원(無願 : 無作)의 삼해탈(三解脫 ; 三三昧)이거니와
위의 요지에 모두 함께 녹아 있다.

非以空故空　공인 까닭에 공이라 한 것이 아니라
無生故說空　무생인 까닭에 공이라 설하느니라.
(『대승입능가경』 권제5 무상품無常品)

또한 무생無生인 까닭에 유심唯心이며 일심一心이고,
유심이고 일심인 까닭에 무생이다.

또한 무생無生인데 무생이 있다 하면

생함이 있다는 것이 되어 모순이다.

그러니 무생을 어떻게 어디에 따로 세울 수 있을 것인가.

단지 얻을 바 없음일 따름이다.

얻을 바 없음이 마음이며

무소유(無所有 : 있다고 할 바가 없음)가 바로 마음이다.

또한 진여眞如라 하고 여여如如라 하되,

여如 또한 무여無如이며,

비여非如이되 비무여(非無如 : 如함이 없지도 않음)이다.

이에 대해서는 『금강삼매경론』에 자세히 설명되어 있다.

진여는 곧 분별 떠난 성품의 자리를 말하니 진眞은 상相을 떠나 진실함이요, 여如는 평등하여 여일如一하다는 뜻이다. 그러나 그 평등성인 여如도 얻을 수 있는 어떠한 모습으로 있는 것이 아니어서 단지 얻을 바 없다는 그 성품일 따름이다. 그래서 여如라 하지만 그대로 무여無如이고, 무여無如이나 여如인 성품이 없지 아니하다.

달마대사 법문에 『이입사행론二入四行論』이 있거니와

이 이입二入은 이입理入과 행입行入을 말하고,

먼저 이입理入이 되어야 올바르며 원만하고 빠른 최상승선에 들어갈 수 있다.

또한 이입理入이 되어야 아차 하면 외도의 길에 빠지는 잘못을 범하지 않게 된다.

■
이입理入이란 일체가 오직 마음일 뿐이고, 그 마음 또한 얻을 바 없음을 자심自心에서 뚜렷이 깨달아 아는 것이다. 행입行入은 일상생활의 현실에서 리理의 뜻이 구현되도록 하는 것이다. 달마대사는 이를 보원행報怨行·수연행隨緣行·무소구행無所求行·칭법행稱法行의 사행四行으로 분류하고, 모든 행이 이 가운데 포함된다고 하였다.

소위 조사선祖師禪이라 하는 것이
위의 법문 외에 따로 있을 것인가.
달마대사가 부촉하여 순선시대에 심인상전心印相傳해 온
위의 능가선楞伽禪 외에 어디에 조사선이 따로 있을 것인가.

■
순선純禪시대_초조 달마에서 육조六祖까지는 순수한 선법이 전해왔다는 뜻에서 이 시기를 순선시대라 칭한다.

어찌 순선시대가 한참 지나 나오게 된 소위 화두선이 조사선인가.
달마대사나 육조혜능대사가 언제 화두선 이야기한 바가 있는가.
임제선사가 언제 화두 참구하라고 말한 바가 있는가.
임제선사의 법문도 위의 능가선 법문과 똑같거늘.
대승의 이법理法을 제대로 알았다면 마음을 어떻게 할 수가 없고,

마음을 어떻게 둘 수도 없으며,
마음이 어디에 향할 수도 없고,
마음이란 본래 사의(思議 : 사량분별)의 대상이 될 수 없으며,
마음이 본래 사의함이 없는 것인데
어찌 마음으로 의문을 들거나 의문에 향하거나
의문을 잡고 있을 수 있겠는가.
마음으로 무엇을 잡을 수 있다는 것인가.
인과因果가 둘이 아니니
이법理法을 요지了知한 인因이 이루어져야 묘각의 과果가 이루어지는 법,

묘각(원각)에 일치한 인因이 이입理入에서 이루어져 행行의 바탕이 되어야 하는 법인데

이법理法의 인因에 어긋나는 수행법으로 어떻게 묘각의 과果가 열리겠는가.

마음을 일으켜 하는 억지 수행은 큰 병을 쌓는 것이라 하였으니
능가선법楞伽禪法의 무수지수無修之修・임운任運의 뜻을 알아야 이 잘못에서 벗어난다.
무수지수無修之修・임운任運의 선법은 곧 앞에서 말한 이법理法을 통하면 이루어진다.

무수지수無修之修에서 무수無修란 생각을 일으켜 지어서 하는 행을 하지 않는 것이니 이를 무작의無作意라 한다. 무작의의 행이 없지 않으니 무수無修의 수修이다. 임운任運이란 본래 얻을 바 없고, 사량분별함이 없는 자심의 성품에 따르는 행이다. 그렇다고 해서 마음을 가지고 임운해 간다고 하면 이 또한 심성心性에 어긋나 잘못된 행이다. 마음을 가지고 어떻게 하려 하면 이미 심성에 어긋난다. 이 뜻을 분명히 알아야 한다.

선禪이란 이입(理入 : 理法을 알아 들어감)하는 것이니
이법理法을 모르고 어떻게 선을 한다 할 것인가.
이법을 모르고 하는 수행은 외도에도 있거늘
어찌 불교의 선이라 할 것이며,
정법正法이라 할 것이며,
정통선이라 할 것이며,
하물며 최상승선이라 할 것인가.

마음이란 본래 무엇을 한다고 함이 없으니
그 성품 따라 무엇을 한다고 함이 없으면 되는 것이고,
단지 지知하고 견見함이 없이 물들지 않기만 하면 된다.
이러한 가운데 무심無心이 되고, 마음을 잊게 되니[忘心],
마음을 잊게 되어야 온 법계(우주)가 일심一心이 된다.

마음이란 대상이 될 수 없고, 느껴질 수 없는 것인데
느껴지는 마음이 있다면, 그것은 망령된 것이다[妄心].
망심妄心은 마음을 잊어야 사라지고,
마음에 방소(方所 ; 空間)가 없게 됨에 일심법계一心法界가 된다.
일심법계가 곧 원각圓覺이고,
원각이니 일체지一切智와 일체종지一切種智를 성취한다.

제2장 유심唯心과 무생법인無生法忍

『능가경』은 중관中觀과 유식唯識의 대승법이 가장 명확하고 자세하게 회통되어 있는 경이다. 『능가경』의 선지禪旨는 그러한 회통이 자심自心에서 이루어질 때 요지了知된다. 능가선법楞伽禪法은 우선 『능가경』에서 찾아야 할 것이다.

심心이란 언설로 나타낼 수 없는 것이지만 그 심心의 리理는 교리를 통해 개시開示하여 오입悟入케 할 수 있는 것이며 달마대사의 이입理入 또한 여기에 그 요지가 있다. 『능가경』은 일체법이 유심唯心이며 일심一心인 까닭에 본래 무생無生이라는 진리, 즉 무생법인無生法忍을 개시하여 오입하게 하고 있다.

『능가경』(7권본) 권제7 게송품 제12에 설한다.

若能見世間	만약 세간을 보는데서
離能覺所覺	능각과 소각 떠난다면,
是時則不起	이때에는
名所名分別	명과 소명의 분별 일어나지 않으리.

由見自心故	(일체가) 자심임을 본 까닭에
妄作名字滅	이름을 허망하게 지음이 멸하고,
不見於自心	자심임을 보지 못하여
則起彼分別	저러한 분별 일어나는 것이네.

여기에서의 능각能覺과 소각所覺은 각각 지각知覺하는 자와 지각되는 대상을 말한다. 지각의 대상에는 바깥 경계인 색色과 심식에 떠오른 갖가지 상념, 즉 심소법心所法이 있다. 식識이란 능각과 소각, 즉 견분見分과 상분相分으로 분화되어 있는 상태를 말한다. 그래서 능각과 소각을 떠난다는 것은 곧 일체의 식을 떠난다는 말이나 같다. 일체의 식을 떠난지라 당연히 명名과 소명(所名 : 이름으로 칭해진 대상)의 분별이 일어나지 않는다. 여기서의 명은 곧 분별 인식하는 자로서의 명이고, 소명은 명에 의해 지칭된 대상이다. 분별이란 곧 이와 같이 능能과 소所로 이분二分된 가운데 일어난다. 그러나 "자심自心을 본 까닭에 이름을 허망하게 지음이 멸한다"고 하였다. 여기에서 '자심임을 본다'는 것은 곧 '모든 것이 오직 마음일

뿐[唯心]이라는 것을 본다'는 말이다. 마음뿐이기에 인식의 주체라든가 대상이 따로 없다. 같은 마음인데 어찌 대상이 따로 있고, 주관이 따로 있겠는가. 그래서 유심唯心은 곧 일심一心이다.

일심의 의義는 견분과 상분으로 분화되지 않아, 능과 소를 떠나 있음을 드러낸 말이다. 그래서 일체의 식식이 멸진(滅盡 : 멸하여 다함)됨이 곧 일심이다. 따라서 유심이며 일심임을 요지了知하였다면 당연히 이름의 분별상·언설상을 허망하게 짓는 것이 멸해진다. 본래는 견분과 상분이 따로 없는 일심인데 홀연히 무명無明의 바람이 몰아쳐 보는 자리[見分]가 세워지니 동시에 보이는 대상의 자리[相分]도 함께 이루어지면서 식식의 경계가 전개되고, 전식(轉識 : 識의 파동이 굴러감)하며 심(心 : 제8식, 아뢰야식, 藏識)과 의(意 : 제7식, 마나식) 및 의식(意識 : 제6식) 그리고 전오식(前五識 : 眼識, 耳識, 鼻識, 舌識, 身識)의 8식이 있게 되었다. 그러나 이러한 식의 경계는 사람이 졸리면 잠들어 꿈을 꾸고, 꿈속의 경계에 빠져 울고 웃고 하지만 꿈 깨고 나면 그러한 일이 없었던 것과 같아서 본래 있었던 일이 아니다. 이에 대한 자세한 설명이 『능가경』의 여러 곳에 설명되어 있다. 요컨대 모든 식은 곧 능과 소의 분별상이니 이를 떠난다면 바로 일심이고 유심이다. 동同 게송품에 또 설한다.

以住唯心故　유심에 머무르는 까닭에
諸相皆捨離　모든 상 모두 떠나며,

| 以住唯心故 | 유심에 머무르는 까닭에 |
| 能見於斷常 | 단과 상(그 평등성)을 능히 본다네. |

涅槃無諸蘊	열반에는 모든 온(蘊:色受想行識) 없고,
無我亦無相	무아이며 무상이라,
以入於唯心	유심에 들어감으로써
轉依得解脫	전의(轉依:의지함에서 탈피함)하여 해탈할 수 있느니라.

惡習爲因故	악습이 인因이 되어
外現於大地	바깥의 대지와
及以諸衆生	모든 중생 나투나니,
唯心無所見	유심임을 증득하면 보는 바 없으리.

'유심唯心에 머무르는 까닭에 단斷과 상常을 능히 본다'고 하였다. 유심은 일체의 분별을 떠난 자리이고, 흔들림 없는 거울이 일체를 그대로 비추듯이 분별 떠난 흔들림 없는 자심에 일체가 여실如實히 비추인다.

단(斷:죽으면 단멸된다는 견해)과 상(常:영속된다는 견해)은 외도의 지견으로서『능가경』과『중론』을 비롯한 대승경론의 도처에 이를 비판하는 내용이 들어 있다.『능가경』의 여러 품品에서는 사구四句, 즉 단斷·상常·단이상(斷而常 : 단멸이면서 영원하다)·부단이불상(不斷而不常 : 단멸도 아니고 영원도 아니다)의 그 어느 것도 잘못된 지견임을 명시하고 있다. 그런데 여기에서 단과 상을 능히 본다고 한 것은 단斷이 그러하고[如 : 차별을 떠난 평등성] 상常이 그러한[如] 실상實相을 여실히 본다는 뜻이다. 일체가 오직 마음일 뿐이나 단斷이라 함도 마음이고, 상常이라 함도 마음일 뿐이어서 모두 마음이라는 평등성일 뿐이다. 중생의 분별은 이 사구四句의 범주를 벗어나지 못하는데, 사구를 떠나 있는 불가설不可說 불가사의不可思議의 실상은 오직 유심에서 알 수 있을 뿐이다.

또한 '마음은 있다·없다 할 수 있는 것이 아니다'고 하였다. 유심이며 일심인지라 심心은 대상이 될 수 없다. 만약 대상이 되어버리면 이미 대상과 주관이 있게 되어 일심이 아니다. 즉 '있다' '없다' 하는 인식의 대상이 될 수 없다.

또한 심心이 본래 공적空寂하여 무상無相이어서 유有라 할 수 없고, 그 용用이 없지 않아 없다고도 할 수 없다. 또한 유심과 일심을 어디에 따로 세울 수 없다. 세운다는 것은 드러낸다는 것이고, 드러내지려면 상相이 있어야 하나 유심唯心과 일심一心이란 무상無相임을 말하는 것인 까닭이다. 『능가사자기』 저자 정각淨覺의 서문 게송에 '불성佛性은 공空하여 무상無相이며, 진여眞如는 공적空寂하여 언어를 떠나 있다'라고 하였다. 심心이 본래 공적한지라 '있다' '없다' 할 수 있는 것이 아니다. 『능가경』(7권본) 권제7 게송품에 설한다.

若起過心量　심량 넘어서게 되면
亦超於無相　또한 무상도 넘게 되나니,
以住無相者　무상에 머무르는 것은
不見於大乘　대승을 보지 못함이네.

『능가경』에서 '심량心量'은 자주 등장하는 용어인데 마음으로 상념하는 것, 즉 심식을 가리키기도 하고, 일체 현상은 오직 습기習氣에 의해 심식의 망령된 분별로 나타난 것일 뿐이라는 뜻, 또는 그러하기 때문에 일체법은 곧 오직 마음일 뿐이라는 뜻으로도 쓰이고 있다. 여기서는 이 세 가지 의미 모두 다 포함된다. '유심唯心이라 함'도 일단 심량心量이다. 일단 무엇이라 함은 모두 다 심량이다. 그러나 일심一心 진여眞如는 심량을 떠나 있다. 무엇이라 할 수 없기 때문이다. 언어도단言語道斷이고 심행처멸心行處滅의 자리인 까닭이다. 그런데 공적空寂하고 무상無相함이 진여심眞如心이라 하니 마음에서 공적함을 구하고 무상을 구하여 무상에 취착取着하면 이 또한 무상이라는 상相에 취한 것이 되고, 분별 떠난 것이 무상인데 무상이라는 분별을 하고 있는 것이 된다. 그래서 무상에 머무르면 아직 대승은 아니다.

유심이며 일심이되, 이 또한 무상無相이고 공적空寂하여, 본래 지知함도 없고, 분별함도 없으며, 인식의 대상이 될 수도 없고,

불가득不可得이다. 또한 무상이고 공적하다 함도, 그 의義 자체가 거기에 머무르거나 향할 수 없게 한다. 즉 무상인데 무상을 잡으려 하거나 향함이 있다면 무상이 아니게 되어 모순에 빠진다. 이러함을 요지了知하건대 어디에도 마음을 둘 수 없고, 얻을 수 없으며, 향할 수 없고, 취착取着할 수 없다. 그래서 곧 언어도단言語道斷이요 심행처멸心行處滅이다. 이미 능能과 소所를 떠난 일심임을 알았으면 곧바로 즉심즉불卽心卽佛이요, 즉심시불卽心是佛이다. 이러함이 곧 『능가경』의 선지禪旨이고 선법이다. 그리고 즉심즉불이 곧 자성불自性佛이니 따로 얻을 바 없다는 반야의 도리와 오직 마음일 뿐이며, 일심이라는 무생無生의 도리를 요지해야 어디에 따로 있는 불佛이 아닌 자심즉불, 즉 자성불이 되는 것이니, 『능가경』의 명구名句 '제불諸佛의 심심이 제일第一입니다'는 바로 이를 말한다.

보살제팔지菩薩第八地는 무생법인無生法忍을 증득하여 성취한다. 그리고 무생법인은 곧 유심唯心의 진리이다. 이에 대한 설명 또한 『능가경』의 핵심 요의 가운데 하나이다. 무생임을 일깨우는 법문이 유심과 더불어 핵심이 되고 있다. 『능가경』 권제7집 일체법품에 설한다.

이때에 대혜보살마하살이 다시 부처님께 말하였다.
"세존이시어! 부처님께서 앞서 설하신 바와 같이 일체제법이 모두 다 생한 바가 없고 또 환幻과 같다 하시면 이는 전후가 모순되는 것이 아니겠습니까?"
부처님께서 말씀하시었다.
"대혜여! 모순되지 않느니라. 왜냐하면 나는 생生이 곧 무생無生이며 오직 자심에 있는 것임을 요달了達한 까닭이니라.

무생이란 본래 생긴 바가 없다는 뜻이다. 일체법이 무자성(無自性 ; 無我)이어서 환幻과 같고, 꿈과 같으며, 아지랑이와 같아서 생겼다 할 것이 없다. 여러 경론에서는 인연화합으로 생하였기에 상호 다른 것에 의지해서 나온 것이니[依他起] 무자성無自性이라는 의타기성依他起性, 중생의 망령된 분별 습기習氣에 의해 그렇게 보이게 된 것이니 또한 무자성이라는 변계소집성(遍計所執性 : 두루 분별 집착해 온 습관의 힘으로 집착하여 있는 것으로 보이게 된 것이라는 성품)으로 설명한다. 『능가경』도 이러한 법문을 갖추고 있다.
그런데 본 경은 더 나아가 유심唯心과 무생無生의 의義로서 설한다. 그래서 『능가경』에 '또 다른 무생無生의 법이 있어 모든 성인聖人이 얻는다'고 하였다. 위 경문에서 대혜보살이 질문한 것은 일체법이 무생無生이라는 것과 환과 같다고 한 것이 모순되지 않겠습니까 하는 것이다. 무엇이 생긴 바가 먼저 있기 때문에 환과 같다는 말도 나올 수 있지 않습니까 하는 뜻이다. 그러나 모순되지 않다. 왜냐하면 무생無生이라 함은 생生이 없어 허무라고 하는 뜻이 아니고, 생生이 그대로 환幻과 같아서 무생無生이라는 뜻이기 때문이다. 그리고 일체법의 생함이 곧 자심自心에 있는 것임을 요달了達한 때문이다. 무엇이 생生하였다는 것이 실은 자심이 나타난 것[自心所顯]일 뿐이고, 자심은 이제야 새로 생긴 것이 아닌 까닭에 무엇이 생生하였다는 것을 얻을 수 없다. 그래서 생生함이 없지 아니하되 생生 그대로 무생無生이다.

『능가경』 권제5 무상품에 설한다.

遠離諸因緣	모든 인연 멀리 떠났으며,
無有能作者	짓는 자 없고,
惟心所建立	오직 마음이 건립한 것이니,
我說是無生	나는 이를 무생이라 하네.

諸法非因生	모든 존재는 인으로 생한 것도 아니고,
非無亦非有	비무非無이고, 또한 비유非有이나니,
能所分別離	능·소의 분별 떠난 것을
我說是無生	나는 무생이라 설하네.

惟心無所見	오직 마음이라 보는 바(얻을 바) 없고,
亦離於二性	또한 이성(二性 : 內·外, 有·無, 能·所 등 상대의 두 법) 떠나 있으니,
如是轉所依	이와 같이 의지하는 것에서 탈피하는 것을,

我說是無生	나는 무생이라 설하네.

外物有非有	바깥 사물의 유와 비유에
其心無所取	그 마음이 취할 바 없어
一切見咸斷	모든 지견을 모두 끊은 것,
此是無生相	이것이 무생의 상이라네.

空無性等句	공·무자성 등의 어구,
其義皆如是	그 뜻은 모두 다 이러한 것이나니,
非以空故空	공인 까닭에 공이라 하는 것이 아니라,
無生故說空	무생인 까닭에 공이라 설한 것이라네.

'마음이 건립한 것이기에 생한 바가 없다[無生]고 한다'고 하였다. 또한 '능能·소所의 분별 떠난 것을 무생이라 한다'고 하였다. 유심唯心이며 자심소현(自心所現 : 현상은 自心이 밖으로 드러난 것)이되 능·소를 떠난 까닭에 일심一心이다. 일심인 까닭에 무엇이 따로 생겼다 함이 없다. 그래서 망념이 유有·무無 등의 일체 분별습기에 의지함에서 탈피하게 되니 생生함에서 생하였다는 상념을 떠난다. 그래서 또한 무생無生이라 한다. 공·무자성無自性 등 거의 모든 경론에서 반복하여 등장하는 어구들의 근본 뜻은 무생이다. 공이라 함도 공이어서가 아니라 무생인 까닭에 그렇게 말한 것이라 하였다.

왜냐하면 공이라거나 무자성이라거나 한 것은 아직 유심이고, 일체 현상이 곧 마음이 나타난 것임을 모르는 중생들에게 일단 밖에 있는 것으로 보이는 것에 대한 집착을 벗어나게 해주기 위해 설한 것일 뿐이기 때문이다. 그리하여 밖의 현상에 대한 망집妄執을 떠나게 되면 바로 오직 마음뿐임을 깨달아 알게 된다. 마음뿐이고 자심이 나타난 것이며 마음 밖에 아무것도 없는[心外無法] 까닭에 무엇이 생生한 바가 없다. 자심自心은 항상 그대로 여여如如할 뿐이다. 그래서

"대혜여! 내가 설한 여래란, 없다는 것이 (여래라는 것이) 아니며, 또한 '불생불멸'을 취한 것도 아니다. 또한 연緣에 의지하는 것도 아니며, 또한 '없다'는 뜻도 아니다.
내가 설하는 무생無生이 곧 여래이니라. 의생신意生身·법신法身은 그 이명異名이다."

(『능가경』 권제5 無常品)

라고 설한다. 생한 바 없다는 것[無生]이 곧 여래如來라고 하였다. 무생無生이니 유심唯心이고 일심一心이며, 유심이고 일심이니 무생인 까닭이다. 그래서 일체법을 얻을 바 없고 취할 바 없으며, 지知함도, 견見함도, 분별함도, 사의思議함도 없어 마치 거울과 같이 일체의 분별 떠나 여여부동如如不動함이 곧 여래이다.

의생신意生身 ; 意成身_제3지보살로부터 갖추어지는 신속무비하고 변화무쌍한 자유자재의 몸을 말한다.『대승입능가경』무상품 제3-1에 의생신을 세 단계로 나누어 설하고 있다. 첫째, 입삼매락의성신入三昧樂意成身 : 보살3지·4지·5지에서 삼매에 들어 갖가지 심심을 떠나 적연부동하여 마음의 바다에 전식轉識의 파랑이 일어나지 않으며, 마음의 경계가 모두 무소유無所有임을 깨닫는다. 둘째, 각법자성의성신覺法自性意成身 : 8지地보살이, 일체가 모두 환과 같아 무상無相임을 깨닫고, 심식心識에서 전의轉依하여 여환삼매如幻三昧와 여삼매(餘三昧 : 金剛喩定)에 머물러 능히 무량한 자재신통을 나타냄이 꽃 피어나는 신속 여의如意함과 같고, 일체 색상을 구족해서 장엄하며, 널리 불국토에 들어가 모든 법성을 깨닫는다. 셋째, 종류구생무작행의성신種類俱生無作行意成身 : 제불諸佛께서 자증自證하신 법상을 요달了達한다.

由無所分別　분별할 바 없어서
分別則不起　분별 일어나지 않나니,
云何心不起　어찌 마음 일어나지 않는데
而得有惟心　오직 마음일 뿐[惟心]이라 함도 얻을 바 있으랴.
(『능가경』권제7 게송품)

만약 무생無生의 의義를 깨달아 알지 못하고 유심唯心에만 끌리면 유심이라는 분별에 빠지게 된다. 자칫 유심이라는 상념이 되어버리는 것이다. 그리고 마음이 일어난 바가 없는 까닭에 유심 또한 얻을 바 없음을 알아야 한다. 그래서 유심으로서 무생無生이고, 무생으로서 유심이다. 무생 또한 마찬가지여서 무생에 마음이 끌리거나 머무르면 무생이라는 법이 생한 것이 되어 무생의 의에 어긋나 모순에 빠진다. 그래서 『능가경』권제7 게송품 제12에 설한다.

若立無生宗 만약 무생을 종으로 세운다면
則壞於幻法 곧 환법에 떨어지리.

즉 무생無生을 종宗으로 세운다면 무생이라는 상념이 생하여 무생이라는 의의義에 모순되고, 상념이니 환법幻法이 되어버린다. 무생은 일체의 분별을 떠나야 한다는 의의義인데 무생이 무생이라는 분별이 되어버리면 이 또한 망념인 것이다. 그래서 또한 언어도단言語道斷이요, 심행처멸心行處滅이다. 유심과 무생의 뜻을 이렇게 올바로 요지了知하여야 무념無念도 올바른 무념이 될 수 있다. 후대 선가禪家에서 자주 등장하는 무수지수無修之修나 임운任運이라는 어구도 이러한 의의와 리리理를 모르고 한다면 또 하나의 환법을 만드는 것이 되기 쉽고, 정법을 모르면서 정법이라 하는 어리석음과 잘못을 범하게 된다.

제3장 문자어언 공부에 치우치지 말라는 뜻

구나발다라 삼장三藏을 비롯한 초기 능가사楞伽師들의 어록이나 법요에는 실로 다양한 경론이 인용되어 있다. 한편 이분들은 문자어언文字語言 공부에만 치우치거나 여기에만 빠지는 것을 경계하고 있다. 그러나 이 말은 경전을 통한 교의 공부를 해서는 안 된다는 뜻은 아니다. 『능가사자기』에서 홍인선사는 입적에 임하여 제자 현색玄賾에게 다음과 같이 당부하였다.

너는 선禪과 교敎를 겸행하여 자신을 잘 보애保愛하라.

『능가경』에서 강조하고 있는 바와 같이 교선일치는 제불 공통의 성불의 길이었다. 『능가경』 7권본인 『대승입능가경』 권제4 무상품에

三有唯分別	삼유(三界 : 欲界, 色界, 無色界)는 오직 마음의 분별일 뿐이라,
外境悉無有	바깥 경계는 일체 모두 있는 것 아니며,
妄想種種現	망상이 갖가지로 나타난 것임을
凡愚不能覺	어리석은 범부들은 능히 깨닫지 못하여서,
經經說分別	경마다 분별하여
但是異名字	여러 다른 문자어언 설한 것이니,
若離於語言	만약 이 어언語言 떠나서는
其義不可得	그 뜻을 얻을 수 없는 것이니라.

라 하였다. 교설에 의하지 아니하고 어떻게 부처님 가르침의 뜻을 만나고 이해하며 신수봉행할 수 있을 것인가. 교를 통해 이법理法을 뚜렷하고 여실如實하게 요지함이 곧 불교의 수행이다. 이 가운데 교敎와 선禪이 함께 들어 있다.

한편 『능가경』 4권본인 『능가아발다라보경』 권1의 끝에 설한다.

> 진실한 성지聖智는 언설에 있지 않다. 이 까닭에 마땅히 의義에 의지하고, 언설에 집착하지 말지니라.

교敎에서 리理를 요지하지 못하고 문자어언의 상에 이끌리게 되면, 문자어언에 가로막히어 사념이나 관념만 증장시킬 수 있기 때문에 불보살과 조사들은 이를 크게 경계한다.『능가사자기』에서 혜가는 말한다.

또 (經을) 읽는 이는 잠시 보고 나서는 곧바로 버려야 하나니, 만약 버리지 않으면 문자 공부하는 것과 같게 되어 버린다. (버리지 않는다면) 곧 흐르는 물을 끓여 얼음을 구하고, 탕 물을 끓여 눈(雪)을 구하는 것과 무엇이 다르겠는가. 이 까닭에 제불께서 설법을 하셨다 하고, 혹은 설하지 않았다고 하는 것이다.

학인이 문자어언에 의지하여 도로 삼는 것은 바람 앞의 등불과 같아 어두움을 부술 수 없으며, 타들어가다가 소멸되고 만다.

문자어언의 유위행을 결단코 단절해야 한다.

문자어언에만 파묻히다 보면 자꾸 그 명상名相에 이끌리게 되어 분별을 떠난 무념무상에 이르기 어렵다. 그래서 그 뜻을 파악하였으면 바로 그 법상法相을 버려야 한다는 것이다. 실은 부처님의 가르침은 언설로 설해진 법상이면서 그 뜻을 제대로 알면 그 법상에도 머무르거나 취착하거나 향함이 없게 해준다. 대승경전의 문자어언으로 된 교설에서 그 교의 뜻을 제대로 파악하면 곧 대승의 선지禪旨가 열리고, 최상승선이 열린다. 교와 선을 직결시켜 실행하지 못하면 그 교설은 단지 문자어언일 뿐이다.

사실 그 교법의 의의義 자체가 그 교법에 향함을(法相에 取着함을) 버리게 하고 있다. 법상에 취착함이 있거나 향함이 있다면 그 뜻을 아직 올바로 통달하지 못한 것이다. 여러 대승경전과 선사들의 법어에서 이러한 점을 누누이 강조하고 있다. 이 점은 최상승선[楞伽禪]을 이해하는데 매우 중요한 사항이다. 몇 분 선사들의 전기에 "不出文記(저술을 하지 않았다)"라든가, "설법하지 않았다"라는 기술이 종종 보이는데, 이분들이 교학을 수학하지 않아서가 아니라 나름대로 뜻이 있어 그러한 면모를 보인 것이다. 글을 쓰거나 설법을 하는 것도 뜻이 있고, 그러한 행을 아니함도 뜻이 있다.

혜가의 제자에 나선사那禪師가 있고, 그 제자에 혜만慧滿이 있다. 혜만은 나선사를 만나 그 도를 듣고 오직 취착하지 않음에 힘쓰며 일의일식一衣一食에 오직 바늘[針] 2개만 지니고 항상 걸식하고 다녔다. 혜만이 항상 설법하면서 이르길,

> 제불께서 설하시는 마음은 심상心相이 허망한 것임을 알게 하고자 함인데, 지금은 오히려 심상을 가중加重시키고 있으니 부처님의 뜻에 심히 어긋나며, 또한 의론을 증가시키고 있으니 대리大理에 어긋난다.7

---

7 「諸佛說心, 令知心相是虛妄法. 今乃重加心相, 深違佛意. 又增論議, 殊乖大理.」

고 하였다. 어언문자에 너무 가까이 하다 보면 이와 같이 명상名相과 심상心相을 더욱 증장시키게 되기 쉽다. 이는 교의에 어긋나는 것이다.『원각경』에 "환으로써 환을 제거한다[以幻制幻]"라 하였으니 교법이라는 환幻으로 심상이라는 환을 제거해야 하거늘 오히려 그 교법에서 법상에 집착하게 되고, 수행한다는 것이 교법을 상념이나 집중의 대상으로 삼게 되니 여기에 수많은 병폐가 따르게 된다. 일체를 버리라는 교법이며, 그 교법도 일체에 들어가는 것임을 명심해야 할 것이다.

그런데 선종 중후기에 들어 불립문자不立文字니 교외별전敎外別傳이니 하는 말들이 유행하게 되어 선을 한다거나 수행에 대해 말할 때 경전을 인용하거나 의지하여 말하는 것은 저열한 것으로 여겨지게 되었다. 초기 선사들이 짧은 법어 가운데 십여 가지의 경전들을 인용하고 의거하여 설하고 있는 것과는 전혀 다른 행태가 갈수록 심화되었다. 불립문자나 교외별전의 진정한 뜻은 교의 법상에 집착하는 경향이 워낙 강한지라 이를 물리치기 위함이다. 달마대사가 "교에 의지하여 종(宗 : 근본, 심성)을 깨닫는다"고 한 뜻과 배치되지만 때와 장소에 따라서는 양편의 가르침이 모두 적재적소의 합당한 가르침이 된다. 교의 어구만 따라다니다가 자심의 성품을 놓치는 경우에는 불립문자와 교외별전의 뜻이 강조되고, 이입理入

───────────────

『속고승전』 권제16 僧可(惠可)傳.

을 위해서는 우선 교教를 통해 종(宗 ; 心性)을 깨닫게 하는 것이 강조되어야 한다. 아직 교를 통해 이입도 안 된 이에게 불립문자나 교외별전을 말하면서 교의 공부를 하지도 못하게 하는 것은 큰 잘못이다.

중국에서 북송北宋시대부터 당唐 이래 지식인 사대부 사이에 유행하던 시풍詩風에 영향 받아 고아하고 멋들어진 시구詩句 형식의 선화禪話가 번지기 시작하였다. 선사들의 짤막한 대화에 시구 형식으로 덧붙이는 송고頌古나 착어着語를 짓거나 읽으면서 선미禪味를 맛보거나 통달한 것인 양하였다. 당시 소동파(소식)는 『능가경』 4권본인 『능가아발다라보경』의 서문에서 다음과 같이 당시 불교계의 풍조를 한탄하였다.

요즈음의 배우는 사람들은 각기 그 스승을 종宗으로 삼아 간편함에만 힘써 따른다. 일구일게一句一偈를 얻고는 스스로 자신이 증득하였다고 말한다. 심지어 부인이나 어린애에 이르기까지 기분좋게 웃으면서 선열禪悅이 어떻다느니 하면서 다투어 말한다. 위에 있는 이들은 명예를 위해서, 아래에 처한 자들은 이익을 위해서 그러하며, 그밖의 말류末流들은 이리저리 쫓아다니지 않음이 없어, 불법이 쇠미하게 되었다.

이렇다 보니 논리와 분석으로 상세히 해설된 경론은 갈수록 멀리하게 되었다. 달마대사의 『이입사행론二入四行論』에서 불법은 먼저 이입理入, 즉 이법理法을 이해하여 들어가는 것이라 하였거늘 애매모호한 시구詩句의 운치에서 음풍농월吟風弄月하는 가운데 어찌 밝고 날카로운 지혜가 나올 수 있겠는가. 먼저 이법을 명확히 이해하고 가지 않으면 안 된다. 그래서 일단은 경론의 상세한 논리와 분석에 의지해야 하는 것이다.

여러 경에 비유한 바와 같이, 뗏목에 의지하여 강을 건넜으면 이제 뗏목을 버려야 저 언덕[彼岸, 열반]에 오를 수 있다 하였다. 이 뗏목이 바로 교법이고, 교법은 문자어언에 의지하여 설해진 것이다. 그런데 처음부터 뗏목을 버리고 도외시하게 한다면 강을 어떻게 건너게 할 것인가. 교법은 그 뜻을 제대로 알고 나면 저절로 버리게 되어 있거늘 왜 처음부터 교법 자체를 부정하게 하고 가까이 하지도 못하게 만드는가.

송대宋代의 문학적, 시적詩的 선화禪話의 풍조는 사대부 지식인층이 불법에 가까이하게 한 데는 상당한 기능을 하였으나 그 나쁜 영향이 심화되면서 화두선(간화선)이라는 생소한 법이 나와 그 잘못됨이 한층 심화되었다.

교법을 제대로 올바로 깊이 원만하게 이해한다면 마음이란 본래 어떻게 할 수 없다는 것을 알게 된다. 마음이란 본래 어디에 향함도 없고, 보는 바도 없고, 분별함도 없으며, 아는 바도 없다. 그런데 무엇을 의문으로 일으켜서 여기에 몰두한다는 것은 참으로 이 마음의 본 자리에 위배되는 것이어서 그 인행因行과 과위果位가 다르게 되어 성취할 수 없는 것이며, 더구나 이 마음을 괴롭히고 힘들게 하는 것이다. 억지로 마음으로 어떤 상을 내어 몰두하거나 집중하며 붙잡고 있는 것은 얼마 후 큰 병환을 가져오게 된다. 마조馬祖선사가 "평상심平常心이 곧 도道다"고 함은 바로 마음을 따로 어떻게 하려고 하지 않는 상태의 바로 그 무작의(無作意 : 생각을 지음이 없음)의 평상심이 도의 요체라는 뜻이다. 불보살께서는 많은 문자어언을 이용하여 교법을 설하시고는 이 교법에 매달리며 상념화해서 마음에 떠올려 붙잡으려 하지 않을까 염려하여 곳곳에서 구구절절이 경계하고 또 강조하고 있다. 대승경론의 상당 부분이 바로 이 내용이다. 마음이란 본래 얻을 바 없고 무상無相인데, 이 마음을 어떻게 하고자 한다는 것은 이미 이 대승의 교법에 어긋난다는 것을 꼭 명심해야 한다.

불교공부와 수행이란 다른 것이 아니라 바로 그 교법의 뜻을 올바로 밝게 알면 되는 것이니 이를 통하여 여리如理한 행이 절로 나오게 되고, 이입理入에 따라 행입行入이 되어 가는 것이다. 이를 상념이나 집중의 대상으로 해서는 절대 안 된다. 관觀이란 바로 불보살이 설하신 내용을 듣고 그 이치를 잘 살펴서 이해하는 것이지, 그 교법을 향하거나 집중하는 대상으로 삼는 것이 아니다. 관觀이 깊어진다고 함은 그 교법의 이해가 뚜렷하고 밝으며 깊고 원만해진다는 것이고, 그밖의 다른 어떠한 것도 아님을 명심해야 한다. 1세기 전 돈황에서 새로 발견된 초기 선종의 법문 가운데 4조 도신道信의 제자인 법융法融이 지은 『절관론絶觀論』이 있다. 여기서 설하는 절관(絶觀 : 무엇을 관한다 함을 버림)도 달마선의 핵심 요의이다. 교법의 이해가 올바로 깊이 되었다면 그 교법조차도 얻을 바 없음을 알고, 마음에 본래 인식주체[能]와 인식대상[所]이 따로 없음을 알게 된지라 자연히 절관이 되는 것이며, 절관이니 곧 무수지수無修之修이고 즉심즉불卽心是佛이며, 즉심즉불의 증證도 바로 이러함에서 나오는 것이다.

   문자어언은 진리를 가리키는 손가락이어서 보배이지만 진리 자체는 아니다. 진리를 증證하고자 하건대 그 손가락에 향함을 버려야 한다. 문자어언으로 설해진 가르침을 통해 그 뜻을 알았으면 이제 문자어언[法相]에 끌리지 말아야 한다.

제4장 달마선은 반야선

- 반야무지般若無知

　달마선(능가선)은 곧 반야선이다. 그리고 반야는 교법을 통해 리理를 회통會通하는 것이다. 그래서 반야선은 곧 교선일치인 선이다. 대승의 교법을 올바로 깊이 이해하면 그 자리에 선지禪旨가 드러난다. 그리고 그 반야 선지의 요체가 바로 '반야란 (心性이) 지知함이 없다는 것[般若無知]'이다.

　『대반야바라밀경』354 초분다문불이품初分多聞不二品 제61-4에 설한다.

　　선현(善現 : 수보리)이여! 여래는 법을 지각知覺함도 없고, 설시說示함도 없다. 왜 그러한가. 모든 존재의 실성實性은 지각할 수 없고 시설할 수 없는데, 어떻게 지각할 수 있어 일체법을 설시하겠는가. 만약 실제로 일체법을 지각함이 있고 설시함이 있다고 말한다면 이는 잘못이니라.

또 『대반야바라밀경』 574 제7 만수실리분지일曼殊室利分之一에 설한다.

또한 모든 존재의 본성은 필경에 드러낼 수 없는 것이나니, 거기에서 지각함이 없다. 지각함이 없다는 것은 견見함이 없다는 것이다. 견見함이 없다는 것은 지知함이 없다는 것이다. 지知함이 없다는 것은 분별함이 없다는 것이다. 분별함이 없다는 것은 상相을 떠나 평등함이니 이름하여 보리(아뇩다라삼먁삼보리)라 한다. 오무간(五無間:아비지옥)의 성품 또한 이와 같다. 이 까닭에 보리는 증득할 수 있는 것이 아니다. 증득할 수 있다 하고, 수습하여 대보리〔大覺〕를 드러낼 수 있다고 말하는 것은 증상만增上慢이다.

증상만增上慢_네 가지 자만심의 하나. 온전하고 원만한 깨달음을 얻지 못하고서 얻었다고 생각하여 자만하는 것.

이와 같이 분별함과 지知함과 견見함과 지각함이 없는 것이 아뇩다라삼먁삼보리이고, 상相을 떠나 평등하여 무엇을 따로 증득할 바 없음이 아뇩다라삼먁삼보리이다. 여기에 대승의 선지禪旨가 있다.

『대반야바라밀다경』 595 제16 반야바라밀다분지삼般若波羅蜜多分之三에서

> 또한 선용맹보살이여! 색온(色蘊 : 물질)이 색온의 행하는 바가 아닌 까닭에 (色蘊을) 지知함이 없고 견見함도 없나니, 색온에서 지知함이 없고 견見함이 없다면 이를 반야바라밀다라 한다.(이하 나머지 受·想·行·識에 대한 같은 설명이 이어짐)

고 하였다. 즉 색色을 비롯한 모든 존재에 견見함이 없고 지知함이 없음이 곧 반야바라밀다(지혜로 건너감, 해탈함)이니, 이를 '반야무지(般若無知 : 반야란 知함이 없는 것)'라 한다. 거울이 대상을 비추나 대상에 물들거나 분별함이 없듯이 마음이 본래 대상을 아는 것 또한 그러하여 본래 대상에 물들거나 취하고 버림이 없다. 곧 마음과 일체 존재가 본래 분별함이 없고, 안다고 함도 없으며, 본다고 함도 없다. 이러함을 여실히 깨달아 아는 것[了知]이 곧 진정한 반야바라밀이며 아뇩다라삼먁삼보리[無上正等覺]에 들어감이다.

또『대반야바라밀다경』권제286 초분찬청정품初分讚清淨品 제35-2에 설한다.

사리자가 말하였다.

"왜 이와 같이 청정한 본성이 지知함이 없는 것입니까?"
부처님께서 말씀하셨다.
"일체법의 본성이 둔鈍한 까닭이니라. 이와 같이 청정한 본성은 지知함이 없는 것이니라."
사리자가 말하였다.
"색(色 : 물질)의 성품이 지知함 없는 것이 곧 청정이겠나이다."
부처님께서 말씀하셨다.
"그와 같이 필경에 청정한 까닭이니라."
사리자가 말하였다.
"왜 색色의 성품이 지知함 없음이 곧 청정이나이까?"
부처님께서 말씀하셨다.
"자상自相이 공空한 까닭에 색의 성품이 지知함 없음이 곧 청정이니라.……"
…… (이하 受想行識과 十二處 등 諸法에 대해 같은 법문이 이어짐)

일체법의 본성이 둔鈍하다 함은 마치 거울과 같이 상相에 물들거나 영향 받지 아니하고 흔들림 없는 까닭이다. 즉 지知함도 없고, 분별함도 없는 까닭이다. 청정함이란 바로 이와 같음을 말한다. 색色을 비롯한 일체법의 본성이 본래 무엇을 지知한다 함이 없다. 왜냐하면 색의 자상(自相 ; 自性)이 공空한 까닭이다. 앞에서 색이 색의 행하는 바가 아니라고 한 것도 같은 뜻이다. 색의 자상이 공한지라 어찌 따로 능(能 : 知하는 자)과 소(所 : 知하는 대상)가 있겠는가. 지知함에는 마땅히 능과 소가 있는 것이나 모든 존재의 본성에는 능과 소가 따로 없는 것이다.

그래서 『대마하반야바라밀다경』 권제347 초분촉루품初分囑累品 제58-2에 설한다.

모든 존재(일체법)는 행하는 자도 없고, 견見하는 자도 없으며, 지知하는 자도 없고, 동動함도 없으며, 작作함도 없다. 왜 그러한가. 모든 존재는 모두 작용함이 없나니, 능취(能取 : 취하는 자)와 소취(所取 : 취하는 대상)의 성품을 멀리 떠났기 때문이니라. 모든 존재는 사의思議할 수 없는 것이나니, 능(能 : 인식하는 자)·소(所 : 인식의 대상)의 사의성思議性을 멀리 떠난 까닭이다. 일체법이 환幻과 같은 것이나니, 모든 연緣이 화합하여 마치 있는 것과 같게 된 까닭이니라.

일체가 공적空寂하여 무상無相이니 중생의 마음과 모든 존재를 본다고 함이 없다. 또한 본심本心의 성품이 본래 거울과 같아 지知함이 없고, 분별함이 없으며, 사의思議함이 없고, 견見함이 없다. 능能과 소所가 따로 없어 일심一心인데 무엇이 무엇을 지知한다거나 견見하고 분별함이 있을 수 있겠는가.

『대승입능가경』 권제7 게송품에 설한다.

若能見世間　만약 세간을 보는데서
離能覺所覺　능각과 소각 떠난다면,
是時則不起　이때에는
名所名分別　명과 소명의 분별 일어나지 않으리.

　능각能覺이란 지각하는 자(주체)이고, 소각所覺이란 지각되는 대상(경계)이다. 보이는 경계란 자심이 나타난 바[自心所顯]이니 경계 또한 마음 밖에 있는 것이 아니라 그대로 자심일 뿐이다. 능能과 소所로 이분二分되어 있는 것이 식識이고, 능과 소를 떠나 있음이 곧 일심一心이다. 일심에서는 능과 소가 따로 없는 지라 무엇이 무엇을 지知한다거나 견見함이 없다. 명(名 : 언어로 된 이름)과 소명(所名 : 이름으로 칭해지는 것)에 의지한 식識의 상속이 본래 일어남이 없다. 그런데 능과 소, 명과 소명에 의지한 식의 상속이 있는 듯하는 것은 단지 꿈일 뿐이고, 환幻과 같은 것일 뿐이다. 즉 망심(妄心 ; 망령된 마음)이다. 망심이니 여기에 향하거나 취하고자 하거나 얻고자 함이 있어서는 안 된다.

　도신道信선사는 이르길,

수도하여 진공眞空을 얻은 자는 공空과 불공不空을 견見함이 없으며, 어떠한 견도 없다.(『능가사자기』 도신의 장)

고 하였다. 능能과 소所가 따로 없이 일심이니 따로 인식의 대상이 될 상이 없다. 심心은 무상無相이고 인식의 대상이 될 수 없는 것이라 견見할 수 없다. 『화엄경』 권7에서 말한다.

봄〔見〕이 없어야 능히 볼 수 있다.

마치 거울이 거울에 비추어진 상相을 봄이 없으나 모든 것을 비추는 것과 같다. 거울에 비친 상은 공적空寂하여 거울에서 구할 수도 없고, 거울에 들어온 바도 없고, 나간 바도 없다. 봄[見]이 없다는 것은 지知함이 없다는 것이다. 지知함이 있게 되면 거울의 표면이 흔들려 만상을 비추지 못하게 되어 버린다. 도신선사는 또 설한다.

초목이 따로 지知하는 바가 없는 것과 같이, 지知함이 없다는 것을 지知함이 되어야 이름하여 일체지一切智라 이름한다. 이것이 보살의 일상一相법문이다.(『능가사자기』 도신의 장)

고 하였다. 일상一相이라 함은 능能과 소所가 불이不二인 까닭이다. 지知함이 있다 함은 능과 소가 따로 있는 것이 되어, 꿈을 꾸는 것과 같고 환幻과 같은 것을 실재하는 것으로 잘못 보는 것이다. 그래서 본래 지知함이 없는 것임을 알면 일체지一切智가 성취된다.

그래서 "견견함이 없어야 능히 볼 수 있다"(앞의 『화엄경』)는 것이다.

일상상매一相三昧를 흔히 어떠한 하나의 법상法相에 마음을 집주集注하는 것으로 여기는 경우가 많은데 이것은 잘못이다. 일상一相이란 능能과 소所가 본래 둘이 아니라는 뜻이니 어떠한 상이든 대상으로 취하거나 집중할 수 없다는 말이다. 그래서 무심無心·무원(無願 ; 無作)이 곧 일상삼매이다. 이를테면 열반이라는 하나의 법상法相을 대상으로 하여 아무리 집중한다 한들 대상으로 취한 이상 열반을 이룰 수 없다. 열반이라는 법상도 버려야 무심無心·무상無相이 되어 본심에 계합하고, 열반을 성취할 수 있다. 본심이 열반 그대로인 까닭이다. 이 뜻을 잘 알아야 한다.

본래 지知함이 없다는 것이 곧 '반야무지(般若無知 ; 반야란 知함이 없는 것)'이다. 반야게般若偈에

> 반야(般若지 혜)는 지知함이 없되 지하지 못함이 없고, 반야는 견견함이 없되 견하지 못함이 없다.

고 하였다. 또 승조僧肇의 『반야무명론般若無名論』 위체位體 제3에 설한다.

> 경에서 이르길, '법신은 형상이 없되 사물에 응하여 모습을 나툰다. 반야는 지知함이 없되〔般若無知〕 경계境界를 비춘다.'

또 돈황에서 발견된 초기 선종 문헌 가운데 달마대사의 법문으로 되어 있는 『무심론無心論』에는 다음과 같은 대화가 있다.

묻는다. "이미 능히 보고 듣고 생각하며 안다면 곧 마음이 있다는 것이 되는데, 어떻게 없다고 할 수 있습니까."
답한다. "단지 보고 듣고 생각하며 아는 것일 뿐, 그대로 무심無心이다. 보고 듣고 생각하며 아는 것을 떠나 어디에 다시 따로 무심이 있겠는가. 네가 이해하지 못할까 염려하여 내가 이제 하나하나 너에게 해설하여 네가 진리를 깨달을 수 있도록 하겠다. 가령 종일토록 볼지라도 보는 것이 보지 않는 것에 연유하니, 보는 것 또한 무심이다. 종일토록 듣더라도 듣는 것이 듣지 않는 것에 연유하니, 듣는 것 또한 무심이다. 종일토록 생각하더라도 생각함이 생각하지 않는 것에 연유하니, 생각함 또한 무심이다. 종일토록 알아도 아는 것이 알지 못하는 것에 연유하니, 앎 또한 무심이다. 종일토록 조작(造作 : 생각을 지음)하더라도 작作 또한 무작無作이며, 작作 또한 무심無心이다. 까닭에 보고, 듣고, 생각하며, 아는 것 모두가 무심이라 하는 것이다."

오직 일심일 뿐인데 어찌 무엇이 무엇을 지知한다 함이 있을 수 있겠는가. 마음이 본래 공적空寂하건대 어찌 지知함이 있고 견見함이 있을 것인가. 지知하고 견見하는 것은 지知하지 않고 견見하지 않는 것, 즉 본래의 심心에 연유함이다. 본래의 심心은 지知함이 없고 견見함이 없으니 일체를 지知하고 일체를 견見한다. 마치 거울과 같이. 그 본래의 마음은 공적空寂하여 지知함이 없으니 이를 무심無心이라고 한다. 무심이니 지知함이 없되, 무심이니 참으로 일체를 지知할 수 있다. 이 뜻을 잘 알아야 한다. 본래의 심心은 거울과 같아서 일체를 지知하고 견見하되 동요함이 없어 물듦이 없으니, 지知함도 없고 견見함도 없다고 한 것이다.

단지 지知함이 없다는 것, 무상無相이 어디에 따로 있는 것이 아니다. 그래서 『능가사자기』의 저자이며 신수神秀와 현색玄賾의 제자인 정각淨覺은 그 서문에서 이르길,

진여는 무상無相이며, 지知 또한 무지無知이나니, 무지의 지가 어찌 지를 떠나 있을 것이며, 무상無相의 상相이 어찌 상을 떠나 있을 것인가.

라고 하였다. 『무량의경無量義經』 설법품 제2二에 설한다.

무량의無量義란 일법一法으로부터 생기며, 일법이란 곧 무상無相이다.
이와 같은 무상無相도 무상이라 상相이 아니고,
상相이 아님도 그 상이 없으니 이름하여 실상實相이라 한다.

일체법(모든 것)이 무상無相이라 하니 좌선하면서 자칫하면 무상을 억지로 마음에서 짓게 되기 쉽다. 그렇게 하면 이미 무상이라는 상相을 지니는 것이 되어 무상이 아니다. 본래 무상인 줄 알라는 것이지 무상이라는 법상法相을 취하라는 것이 아니다. 본래 무상無相인 줄 알았으면 그대로 심행처멸心行處滅과 언어도단言語道斷이 되어야 한다.

정각淨覺은 『능가사자기』 서문에서 설한다.

여(如 : 차별 떠난 평등성의 心性)가 본래 지지知함 없는지라, 지지知함이 있다면 여如가 아니다.

또 달마대사의 법문으로 전하는 돈황문헌 『이입사행론장권자二入四行論長卷子』에 다음의 법문이 있다.

부처님의 가르침으로 도를 따르고자 하건대 마음을 돌덩이와 같이 묵묵히 감각함도 없고 지지知함도 없고 분별함도 없이 하여, 일체 어느 때나 등등하게(활기차게) 어리숙한 사람인 듯하며 있으라. 왜 그러한가. 존재란 지각知覺함이 없는 까닭이다.[8]

---

[8] 「若用法佛循道者 心如石頭冥冥不覺不知不分別, 一切騰騰如似癡人. 何以故, 法無覺知故..」『二入四行論長卷子』(『敦煌禪宗文獻集成』(상), 北京, 新華書店, 1998, 372쪽)
널리 세간에 전하여 온 달마대사의 법문 『二入四行論』은 이 『二入四行論長卷

돌덩이처럼 있되 어느 때나 등등하게 있으라고 하였다. 적멸寂滅이고 지知함이 없다 하여 축 늘어진 상태가 전혀 아니다. 기세등등하게, 활기차게 그 뜻이 구현되도록 해야 한다. 그렇지 않으면 이입理入이 어느 정도 되었다 하더라도 무시無始 이래의 업습業習이 젖어오는 것을 이겨내기 어렵다. 업습이 밀려오는 것을 넘어서기 위해서는 꿋꿋이 그 뜻이 지켜지도록 함이 있어야 한다. 수증修證의 단계를 어떤 경론에서는 참을 인忍자로 말하는 뜻이 여기에 있다. 구나발다라삼장은 설한다.

활발히 묘적妙寂을 흥기興起함이 선정禪定바라밀이다.(『능가사자기』 구나발다라삼장의 장)

그래서 활기찬 적멸행寂滅行이요 기세등등한 지知한다 함이 없는 행이다. 이렇게 해야 망념의 출현이나 끌림에 무너지지 아니하고 곧바로 나아갈 수 있고, 선정을 이룰 수 있다. 또한 이렇게 함이 이미 선정이다.

子』의 앞부분에 해당한다. 전체 분량은 『二入四行論』보다 7배 정도 더 많은 분량인데 여러 禪師들의 문답이 대부분이다.

제5장 즉입卽入의 가르침
- 무주無住와 즉심卽心과 신심信心

범부가 세속의 법에 머문다면 이승二乘은 그 세속의 법을 부정否定하여 넘어서게 하는 공空·무상無常·무아無我 등의 법상法相에 머문다. 그러나 일승一乘은 어디에도 머무는 바가 없다. 그래서 『금강경』에서는 아뇩다라삼먁삼보리[無上正等覺]에도 머물지 말라고 하였다. 색성향미촉법色聲香味觸法의 육진(六塵 : 六境 ; 인식되는 대상의 존재)이 세속법을 이루는 것이지만 삼조三祖 승찬대사의 『신심명信心銘』에는 다음과 같이 설하고 있다.

일승에 나아가고자 하건대
육진을 싫어하지 말라.
육진에 싫어함이 없어야

정각에 되돌아가 합치된다.

(欲趣一乘 勿惡六塵. 六塵不惡 還同正覺)

  3승과 2승의 법에서는 6진塵이 버려야 할 것이고, 넘어서야 할 것이며, 싫어해서 떠나야 할 것이다[厭離]. 그러나 1승의 법에 의하면 무엇을 대상으로 삼을 바가 없다. 그것이 선이든 악이든, 6진이든 아뇩다라삼먁삼보리이든 마음의 대상으로 취할 바가 없는 것이다. 6진에서 떠나야 한다는 마음에도 머묾이 없으니[無住], 6진에 애착함도 없음은 말할 나위 없다. 『능가경』에 특히 강조한 바와 같이 본래 일체가 생한 바가 없는데 만약 6진에서 벗어나거나 싫어함이 있다면 본래 생한 바도 없는 것을 가지고 벗어나려 하고, 싫어하는 것이 되어 참으로 우스운 꼴이 되어버린다. 즉 여리如理한 행이 아니고, 혜慧가 없는 행이다. 또한 『능가경』에서 일체가 오직 마음뿐이라고 했는데 마음에서 따로 무엇으로부터 벗어나고자 하거나 무엇을 싫어함이 있다면 이 또한 일체가 오직 마음일 뿐이라는 뜻에서 벗어나는 행이다. 6진도 마음일 뿐이며, 아뇩다라삼먁삼보리도 마음일 뿐이다. 그러하니 마음에서 무엇을 어떻게 한다 함이 있을 것이며, 마음으로 마음을 어떻게 한다는 것이 나오겠는가. 그래서 『신심명』에 또 설한다.

  마음으로 어떻게 함이나 마음을 쓰는 것이

어찌 크나큰 잘못이 아니겠는가!
(將心用心 豈非大錯)

즉 마음은 본래 주관[能]과 객관 대상[所]을 떠나 있어 도구가 되거나 무엇을 한다고 함이 없다. 그래서 『신심명』에 설한다.

능(能 : 주관)은 경계 따라(境界가 소멸함에 따라) 멸하고,
경계(대상, 所)는 능 따라(能이 멸함에 따라) 멸한다.
경계는 능으로 말미암아 경계가 되고,
능은 경계로 말미암아 능이 된다.
(能隨境滅 境逐能沈 境由能境 能由境能)

능能과 소所는 서로 의지하여 일어나고 소멸되는 것이며, 양자로 나누어져 있는 상태가 식識이고, 능과 소가 따로 없이 되면 바로 일심一心이고 진여眞如이다.

그런데 능과 소로 나누어져 있는 상태란 꿈과 같아서 실제로는 본래 마음이 이렇게 언제 나누어진 바가 없음을 알아야 한다. 꿈속에서 여기저기 왔다 갔다 하였지만 본래 그러한 일이 없는 것과 같다.

우리는 항상 이 심식心識 가운데 있다. 이 심식에서 단 한 찰나도 떠나 있지 않다. 그래서 우리가 수행한다는 것도 이 심식의 자리를 벗어나 할 수도 없고, 하는 것도 아니다. 이 뜻을 분명히 알아야

한다. 불교수행의 출발은 바로 지금 현재 자신이 처한 심식의 자리를 인지하고, 지금 자신이 경험하고 있는 심식 외에는 아무것도 없음을 뚜렷이 아는 데서 이루어진다. 오직 일체가 마음일 뿐이다 하는 법도 어렵게 생각할 것이 아니라 지금 현재 자심自心 당처 외에는 아무것도 없음을 알면 바로 통해지게 되어 있다.

현재 자심自心의 당처에 능능과 소所가 본래 없는 것임을 뚜렷이 알아, 취하고자 함도 없고, 버리고자 함도 없으며, 마음을 어떻게 한다거나, 마음으로 무엇을 이루고자 함이 없다면 이것이 무주행無住行이 되고, 또한 바로 즉심卽心이 된다. 즉심卽心이란 현재 자심의 당처에서 오직 마음일 뿐임을 여실히 요지了知함에 자심이 곧 불심佛心이 되는 것이다. 불심이란 상락아정常樂我淨이다. 현재 자심의 당처가 그대로 상락아정의 불심일 뿐이게 된다. 달마선은 곧 이렇게 자심의 당처에서 곧바로 불심에 들게 하기 때문에 즉입卽入의 가르침이다.

달마선을 직지인심直指人心 견성성불見性成佛로 칭하기도 한다. 여기서 말하는 '인심人心'은 곧 각자 현재 당처의 자심을 말하고, '견성見性'의 성性은 곧 자심이 능능과 소所를 떠나 있어 거울과 같이 견見하되 견見함이 없고, 분별하되 분별함이 없어, 심心 그대로 무심無心이고, 무엇을 소유함이 없는 무소유의 성품을 말한다. 그 성품을 깨달아 알면 성불이라 하였으니 성불이란 곧 상락아정인 불심佛心을 자심自心에서 체득한 것이다. 그래서 또한 즉심시불卽心

是佛이라 하였다. 이러한 성취가 어디에서 이루어지는가 하면, 바로 현재 당념當念의 심식心識에서 이루어지는 것이다. 따라서 깨달음 또는 진리를 당념의 심식을 떠나 다른 데서 구하고자 하는 것은 참으로 어리석은 일이다. 즉심卽心이란 불이不二의 뜻인지라 당념當念에서 그대로 언어도단(言語道斷 ; 말의 길이 끊어짐)이고 심행처멸(心行處滅 ; 마음 갈 곳이 사라짐)이 될 뿐이다. 언어도단 심행처멸이란 당념當念의 그 자리에서 유무중도有無中道가 실현되고 있는지라 그 자리를 언설로서 무어라 말할 수가 없음을 가리킨다. 사구(四句 : 有·無·有而無·非有而非無) 가운데 어느 것이라고도 할 수 없되, 또한 사구 어느 것이든 허용하려면 한다. 그래서 '절백비(絶百非 : 일체의 시비를 끊음)'의 경계라고도 한다. 분별을 떠나려 하거나 머무르지 않음[無住]에 두게 하거나, 무념無念에 두는 행은 이미 무주無住와 무념의 뜻에 어긋나는 행이 되어버린다. 단지 당념 그대로 본래 무주無住이고 무념無念임을 알아야 혜혜慧慧가 발휘되어 최상의 삼매도 함께 이루어지는 것이다. 최상의 삼매란 삼매가 따로 없는 삼매이니 항상 삼매 아님이 없어 영원한 삼매(금강삼매, 수능엄삼매)이다.

분별 떠난 그 자리가 진여眞如라 하였고(『능가경』), 당념 그대로 본래 분별 떠나 있음을 아는지라 단지 경계에 염착(染着 : 물들어 끌리고 머물며 집착하는 것)되지 않도록 있기만 하면 된다. 그 마음 상태의 염念에 즉卽하여 있기 때문에 그 염念이 시비是非 분별의 대상이 이미 되지 않는다. 즉卽한다는 것은 불이不二가 됨이라 능能

과 소所가 따로 없어 단지 그대로 각覺일 뿐이다. 『신심명』에 설한다.

지극한 도는 어려운 것이 아니나니
오직 취사取捨 분별함을 떠나면 되는 것.
단지 이것은 싫어하고 저것은 좋아하는 분별 하지 않으면
확 트여 명백해지리.
터럭 끝의 차이가 하늘과 땅의 격차를 불러오네.
(至道无难 唯嫌揀擇 但莫憎愛 洞然明白 毫厘有差 天地悬隔)

'아차' 하면 마음 수행하면서 마음으로 간택(簡擇:取捨分別)하는 행을 하기 쉽다. 대승의 심의深義와 심법心法은 마음을 어떻게 하라고 하는 가르침이 아니라 단지 무주無住·무념無念·무득(無得;不可得)·무소유無所有·무상無想·무생無生·무심無心 등 온통 부정否定의 말로 일체법이 그러함을 설할 뿐이다. 왜 그러한가. 단지 마음이 본래 이러한 것임을 깨달아 알아야 마음을 어떻게 하고자 함에서 떠나 진여에 합치되는 까닭이다. 단지 일체법이 이러함을 뚜렷이 알면 무명無明이 힘을 잃고 소멸된다. 그래서 대승경론에서는 일부의 방편 법문을 제외하고는 특별한 수행법을 설하고 있지 않다. 이 때문에 혹자는 대승경론에는 수행법이 없다고 하나 이는 일승一乘의 최상승선법을 전혀 몰라서 하는 말이다. 무주·무념·무득·무소유·무상·무생·무심의 법구法句가 자심의 당념에서

그대로[法爾] 입증되는 선법이 가장 뛰어나고 원만하며 궁극의 깨달음[妙覺]에로 이끌어준다.

이 법을 어렵다고들 하나 실은 바로 이 자심에서 알면 되는 것이라 어려운 것이 아니다. 마음에 생멸하는 상념을 없애라는 무념無念·무상無想의 가르침이라면 이 얼마나 어려운 일인가. 어떻게 상념을 없애겠는가. 설령 선정을 많이 닦아 수십 년 수백 년을 상념 없이 지속한다 하더라도 선정의 힘이 떨어지면 곧 다시 일어나는 것이 마음의 상념이다. 그러나 마음은 본래 거울처럼 만상을 무심하게 비춘다. 상념도 마음이 비추는 것이다. 마음이 상념하되 실은 마음이 거울처럼 무심함을 알아야 한다. 이렇게 심心이 본래 무심無心함을 알 때 상념에서 해탈한다. 이러하니 상념을 억지로 없애려 하는 행보다 비교할 수 없을 정도로 쉽고, 또 완전무결하다. 그래서 위의 『신심명』에서 "지극한 도를 성취하는 것이 어렵지 않다"고 하였다. 단지 위의 부정否定의 법구法句들을 자심에서 여리如理하게 알아서 분별 떠나면 확 트여 명백해진다. 그런데 아차 하면 마음을 어떻게 지어서 수행하고, 마음을 어떠한 상태로 두고자 하는 행을 하기가 쉽다. 만약 조금이라도 이러한 행이 되면 그 미세한 차이가 하늘과 땅의 격차를 가져온다. 달마선을 행하는 분은 이 점을 명심하여야 한다.

또한 이 가르침[禪法]을 떠나 다른 법을 구하려 하지 말아야 한다. 불법佛法의 근본이 유심唯心인 까닭이다. 그래서 『신심명』의 끝부분에 강조하여 설한다.

신심(信心 ; 唯心임을 믿는 것)이 불이이고,
불이가 신심이나니
언어도단이라
과거도 아니고, 미래도 아니며, 현재도 아니네.
(信心不二 不二信心, 言語道斷 非去來今)

신심信心이란 오직 마음일 뿐임을 믿는 것이다. 오직 일체가 현재의 당념 그 자리 마음일 뿐이니까 믿을 것은 사실 그것 밖에는 없다. 너무나 당연한 사실이기에 당연한 믿음이다. 오직 마음일 뿐임을 믿는 까닭에 불이不二의 뜻이 된다. 마음 외에 다른 것이 있다면 불이의 법이 어떻게 성립되겠는가.『능가경』권제2 집일체법품에서 "이견二見에 떨어지는 것은 유심唯心임을 깨닫지 못해서이다"고 하였다. 그리고 오직 마음일 뿐임을 알아 불이가 된 자리에서 어떻게 언어분별이 될 수 있겠는가.

언어분별이란 두 가지 다른 상대相對의 존재가 전제되어야 이루어지는 것이다. 그러나 불이이니 상대를 떠났는데 어떠한 분별이 나오겠는가. 단지 불이不二이되 불일不一이다. 왜냐하면 유심이라 하나 이 심心이 따로 있는 것이 아니라 만상萬象 그대로인지라 단지 일一이라고도 할 수 없기 때문이다. 그래서 또한 언어도단이다.

마음은 본래 공적空寂한지라 허공과 같이 과거 현재 미래의 시간을 떠났다. 분별함 속에서 시간의식을 갖는 것일 뿐이다. 한 번의 분별에 이미 과거의 마음, 현재의 마음, 미래의 마음이 자리하게 되는 것이나 과거의 마음 그대로 과거가 아니고, 현재의 마음 그대로 현재가 아니며, 미래의 마음 그대로 미래가 아니다. 단지 항상 당념當念에서 과거·현재·미래를 떠나 함께하고 있을 뿐이다. 당념에 즉卽하는지라 당념이 시간으로 분별되는 자리가 아니어서 현재라 할 바가 아니다. 당념에 즉卽하면, 즉 즉심卽心이 되면 당념은 분별처가 아니게 되어 현재라는 분별도 자리하지 못한다. 그래서 유심唯心임을 온전히 믿는 신심信心이 곧 즉심卽心이다. 과거·현재·미래의 시간 분별을 떠났으니 즉卽의 뜻이 되는 것이다. 그래서『대승입능가경』의 도처에서 유심唯心을 간곡하게 강조한다.

진실한 리理는 오직 마음일 뿐, 경계(境界 : 대상)가 없다는 것이다.(권제1 집일체법품)

이 어리석은 자들에게 삼승三乘을 설하는 것이며, '오직 마음뿐이어서 경계(境界 ; 대상)가 따로 없다'는 (一乘의 법문은) 설하지 않는 것이다.(권제2 집일체법품)

대혜여! 나는 모든 존재가 '오직 마음이 나타난 것'이어서, 능취能

取와 소취所取가 없음을 깨달아 통달한 까닭에 이것이 있으므로 저것이 있다고 하였다.(권제3 집일체법품)

대혜여! 일체법의 여실처如實處를 보는 자를 말하여 능히 '오직 마음이 나타난 것임'을 깨달아 통달한 이라고 한다.
(권제3 집일체법품)

여래의 지혜는 더러움 없나니 오직 마음임을 깨달아 통달한 때문이다.(권제4 無常品)

유심唯心에 들어감으로써 의지하는 데서 탈피하여 해탈할 수 있다.(권제6 게송품)

오직 마음뿐임에 안주하여 바깥 경계 분별치 않는 것이 진여에 머무름이요, 마음의 분별 넘어선 것이네.(권제6 게송품)

단지 위 인용문에서 "진여에 머무른다"고 한 것은 진여라는 법상을 붙잡고 머무른다는 것이 아니고, 유심唯心의 뜻에 따라 바깥 경계를 분별치 않고 있는 것이 곧 진여에 머무르는 것이 된다는 뜻이다. 즉 일체법에 머무름이 없게 되어야 진여에 머무르는 것이 된다. 이때 '진여에 머무름'이란 곧 어디에도 머무름이 없다는 뜻이다.
유심唯心임을 모르는 자가 곧 어리석은 사람이다. 그래서 불법佛

法을 좀 공부하였다 하더라도 아직 유심을 명확히 모른다면 일승一乘에 들지 못하였고, 스스로 여러 법상에 얽매임이 있게 된다. 그래서 『신심명』에 설한다.

어리석은 사람은 스스로를 묶는다.(愚人自縛)

어떤 이는 모든 것을 염리(厭離 : 싫어하여 떠남)하라는 법에 묶이고, 어떤 이는 대상이나 법상法相을 애착해서 묶이며, 어떤 이는 선정을 닦아 나오는 희락에 묶인다. 그러나 유심唯心임을 명확하게 안다면 법에 다른 것이 없어 무엇을 마음으로 어떻게 한다고 함이 있겠는가. 그래서 『신심명』에 설한다.

법에 다른 법이 있는 것이 아닌데
망령되게 스스로 애착하네.
(法無異法 妄自愛著)

수행을 한다고 하여, 도를 닦는다고 하여 자심을 스스로 얽매거나 괴롭게 하거나 힘들게 하는 것은 아직 일승一乘의 가르침에 들지 못한 것이며, 아직 유심唯心을 알지 못한 때문이며, 여래의 진실한 뜻을 아직 제대로 파악하지 못한 때문이다. 여래의 진실한 뜻은 유심唯心과 불심佛心과 상락아정常樂我淨에 있다. 그리고 그 불심은 멀리 있는 것이 아니라 바로 자심의 당념에 있음을 분명히 알아야 한다. 자심의 당념에 즉卽하여 유심임을 뚜렷이 알 때 즉심卽心이 되고, 유무중도有無中道가 되며, 즉불卽佛이 된다.

바로 당념에서 마음임을 알고, 항상 어느 때나 마음에 있음을 아는지라 그 기쁨과 희열이 이루 말할 수 없이 크다. 상락아정이 바로 여기에 있다.

제6장 회향廻向과 초발심
- 불심佛心과 이심전심以心傳心

『능가아발다라보경(능가경 4권본)』 권제1에 대혜보살이 부처님께 질문을 청하면서

위없는 세간해(世間解 ; 佛의 異名)이시어! 설하신 저 게송을 듣자오니 대승의 모든 해탈문 가운데 제불심諸佛心이 제일第一이옵니다.

라고 하였다. 불심佛心이 바로 제일第一의 해탈문解脫門이라는 뜻이다. 이 구절은 종래 여러 조사들로부터 『능가경』의 종지宗旨로 말해져 왔다. 달마대사는 『능가경』을 '여래심지如來心地의 요문要門'이라고 하였다.

불심이 왜 제일의 해탈문인가. 바로 자심에서 불심이 발함으로부

터 해탈이 이루어지는 까닭이다. 그렇다면 중생심에서 어떻게 불심이 발해지는가. 중생심이란 사량思量하고 분별하는 마음인데 그 사량하고 분별함이 없으면 곧 진여라고 하였다.(『능가경』) 진여는 평등하여 말을 떠났음을 드러낸 말이고, 진리이며 이체理體이다. 앞에서 이제까지 설명한 선법은 대체로 이입理入과 행입行入을 통해 진여를 증證하는 법문이다. 진여는 보살초지에서 증證한다. 단지 초지初地에서는 아직 진여가 온전히 드러난 것은 아니고 진여의 일부분 공덕 밖에 구현되지 못한다. 그런데 진여를 증證하는 것과 함께 아뇩다라삼먁삼보리[無上正等覺]에 회향廻向하여 발보리심(發菩提心 : 아뇩다라삼먁삼보리를 성취하겠다고 발원함)하니 자심自心에서 불심이 발하게 된다.『화엄경(60권본)』권25십지품十地品 제22-3의 제칠지第七地보살 항목에

환희지(歡喜地 ; 菩薩初地)보살에서부터 행하는 바가 모두 죄업을 떠난다. 왜 그러한가. 아뇩다라삼먁삼보리無上正等覺에 회향하는 까닭이다.[9]

라고 하였다. 회향에는 크게 나누어 두 가지가 있다. 하나는 아뇩다라삼먁삼보리에 회향하는 발보리심이고, 하나는 일체 중생의 발보리심과 성불에로 회향함이다. 즉 상구보리(上求菩提 : 위로 위없는 깨달

---

[9] 「從歡喜地菩薩所行皆離罪業. 何以故. 迴向阿耨多羅三藐三菩提故.」

음을 구함 ; 自利)와 하화중생(下化衆生 : 아래로 중생을 교화하여 구제함 ; 利他)의 양면이다. 이입理入이 되어 이혹(理惑 ; 見惑)은 벗었다 하더라도 아직 뿌리 깊은 사혹思惑은 어느 정도 가벼워졌지만 남아 있다. 진여를 증득한 보살초지가 성불의 자리가 아닌 것은 아직 사혹이 남아 불현듯 일어나는 까닭이다. 사혹思惑의 내용을 탐욕·성냄·어리석음·아만심·무명無明으로 요약하여 말하는데, 더 간단히 말한다면 정情의 물결이다. 이 정情이라는 것은 머리로 온다고 하기보다는 가슴에서 젖어오는 것이다. 그래서 머리로 해결하려 해도 마음대로 안 된다. 여러 교법을 통해 제어하려 해도 쉽게 되지 않는다. 바로 이러한 정의 물결을 해결해 주는 묘법이 곧 회향과 발보리심이다.

회향과 발보리심은 그래서 머리로 하는 것이 아니다. 내 마음을 억지로 회향과 발보리심에 끌어다가 맞추는 식으로 하는 것은 처음 거치게 되긴 하나 잘못된 행이다. 이렇게 하는 것은 이입理入에 어긋난다. 이입을 통해 이미 마음으로 마음을 어떻게 함을 떠났다. 왜 이러한가는 앞의 여러 법문에서 충분히 해설하였다. 먼저 이입理入의 법문이 있고 그 다음에 이러한 회향과 발보리심의 법문이 있는 것은, 이입을 통해 머리로 분별함을 먼저 떠나야 진정한 회향과 발보리심을 행할 수 있게 되기 때문이다. 이입理入의 성취는 일단 진여眞如의 리理에 들어감이고, 보살초지에서 진여를 처음 증득하였으니 이제 진정한 회향과 발보리심(발심)을 할 수 있게 된 것이다.

그리고 보살초지의 진여를 증득한 자리에서 발보리심함을 말하여
『화엄경(60권본)』 범항품 제12에

　　초발심하였을 때 곧 정각을 이룬다.(初發心時 便成正覺)

고 한 것이다. 왜 이 보살초지에서의 초발심이 곧 정각正覺이 되는 것인가. 바로 그때의 발심發心이 불심佛心으로 되는 까닭이다. 등잔에 불을 밝히면 그 등잔이 등불이 되는 것과 같다. 그 등불은 밖으로 억지로 힘을 써서 빛을 뻗치려 하지 않는다. 그냥 불인 채로 불빛이 뻗어 가는 것일 뿐이다. 발심한 자리에서 그 발심을 머리로 붙들고 있거나 쫓아 가려고 한다면 이러한 불빛의 리理에 어긋난다. 발심發心함도 마찬가지로 머리로 발심을 생각하기 바로 이전의 자리에서 이미 발심임을 알아야 한다. 머리로 발심을 끌어내어 붙잡는 식의 행은 앞에서 말한 바와 같이 '불기심(不起心 ; 마음 일으킴 없음)'의 이법에 어긋난다. 그래서 마음을 일으킴이 없이 발심할 수 있어야 하는 것이다. 그러한 발심이어야 바로 "초발심한 때에 바로 정각을 이룬다"고 할 수 있는 것이다.
　그렇다면 마음을 일으킴이 없이 어떻게 발심한다는 것인가. 여기에 행증行證의 묘법妙法이 있다. 대승경전에서 이입理入의 법문을 왜 그다지도 널리 강조하며 설하였는가를 알 수 있는 것이다. 그 행증의 묘법이란 발심이 머리로 분별되어 상相으로 전변되기 이전

에 가슴으로 되어버리는 것이다. 그리고 가슴으로 되어버림이 곧 불심佛心이니 불심이 자리하고 함께 하는 것이다. 앞의 『능가경』 첫 부분에서 대혜보살은 불심佛心이 제일第一의 해탈문解脫門임을 찬탄하였고, 여래께서는 그 불심에 드는 법문을 『능가경』 전체에서 설하셨다. 그 불심은 머리로 분별해서 들 수 있는 것이 아닌지라 사량 분별할 수 없다는 뜻을 간곡히 먼저 설하신 것이다. 그래서 달마대사는 『능가경』을 '여래심지如來心地의 요문要門'이라고 하였다. 이렇게 불심이 가슴으로 자리함에 가슴에서 젖어오는 정情의 물결, 즉 사혹思惑이 사라지게 되는 것이다.

그런데 가슴에서 불심의 빛이 발함도 정情의 면이 있다. 그러나 그 정은 리理가 원만히 상응하여 발현되는 것으로 리를 장애하거나 리와 모순되지 않는다. 그래서 불심佛心에서는 정과 리가 불이不二이다. 만약 리理를 원만하게 올바로 통달하지 못하고 잘못 치우친다면 차갑고 무미건조하며 정감도 없는 마른 고목枯木과 같아져서 소위 고목선枯木禪이 되어버린다. 사람이 어찌 마른 고목과 같아져서야 되겠는가. 이런 고목과 같은 사람이 도인일 수 없고, 부처님일 수 없다. 단지 아집我執과 분별에 의한 정이 없는 것일 뿐, 중생의 행복과 해탈을 향한 정과 자심에서 불심의 빛과 환희로 충만되는 정감은 항상하다. 또한 즐거움이든 성냄이든 유무중도有無中道에 자리한지라 이를 무엇이라 할 바도 없고, 얻을 바도 없다. 그 즐거움과 성냄 가운데 그것을 취함도 없고 버림도 없으며 물들거나 흔들림도 없다. 그러나 세속인은 이를 취하거나 버리려 하고, 그것에 물들고 끌리어 간다. 즐거움이든 성냄이든 항상 발보리심으로 회향되는 까닭에 위에 인용한 『화엄경』에 보살초지에서 "행하는 바가 모두 죄업을 떠난다"고 하였다. 또 불심佛心의 빛과 희열이 충만되는 까닭에 보살초지를 환희지라고 한다. 발보리심이 이러한 뜻을 지닌 까닭에 『화엄경(60)』 초발심보살공덕품 제13에서

"모든 공덕 가운데 보리심이 최고다.(一切功德中 菩提心爲最)"

라고 하였다.

그런데 발보리심에서 보리菩提란 각覺이고, 심체心體가 곧 각覺이다. 보리菩提는 불佛의 아뇩다라삼먁삼보리[無上正等覺]를 가리키는데 그 보리가 자심 밖에 어디에 따로 있는 것이 아니다. 심체心體가 각覺이니 자심의 체體가 곧 보리이고, 발보리심은 곧 어디를 향하는 발심이 아니라 바로 자심에서 보리심이 발해지는 것이다. 그렇게 될 때 보리심은 곧 불심佛心이다. 보리[覺]가 곧 불佛인 까닭이다. 마음 수행에서 터럭 끝보다 더 적은 차이가 크게 잘못된 길로 빠지게 한다고 하였다. 이입理入에 의한 지혜가 없다면 발보리심發菩提心에서 불심佛心이 증명되기 어렵다. 잘못된 발보리심은 보리菩提를 머리로 생각하고, 그쪽으로 마음을 쏟아 가는 것이다. 보리란 사량분별을 넘어섰는데 어찌 생각으로 지어서 향하려 하는가.

하나의 불이 천 개의 등에 옮겨진다. 이심전심以心傳心이 바로 이러하다. 이심전심에서의 심心은 곧 불심佛心이다. 자심에서 보리심이 발해지며 불심이 켜지는 것은 곧 여러 조사들이 증득한 불심이 켜지는 것이다. 그 불심이 밖에서 와서 켜지는 것이 아니라 자심自心에서 발현된다. 등잔은 달라도 그 등불은 둘이 아니듯이, 자심에서 켜진 불심佛心이 여래와 조사의 불심과 다르지 않다. 그래서 보이지 않는 전등傳燈이다. 진여가 이체理體라면 불심佛心은 상락아정常樂我淨의 생명이다. 이제 진리가 가슴에서 부처님으로 발현되는 것이다. 그리고 그 부처님은 자심에서의 부처님이니 이를 자성불自性佛이라 한다.

염불念佛도 바로 이와 같이 자심自心에서 불심佛心이 발현되는 것이어야 참다운 염불이다. 불佛이란 각覺이고, 각覺이란 능(能 ; 주관)과 소(所 ; 객관, 대상)를 떠난 자리이니 염念의 대상이 아니다. 경론이나 선종의 여러 조사들이 자주 강조하는 법문이 무념행無念行이다. 그런데 어떻게 염불한다는 것인가. 바로 자심에서 불심佛心의 불이 켜지면 이미 불佛이 자심自心인지라 대상이 아니게 되어 자연히 상응相應된다. 그래서 억지로 염念하려 하지 않되 불심이 염念된다. 불佛이 불임을 안다고 한다. 그래서 염念하는 바 없는 염이라고 한다. 불심을 대상으로 해서 잡으려거나 잡고 있으려는 행이 아니라 가슴에서 피어오르는 것이다. 가슴의 연꽃이 피어오르는 것이다.

유무중도有無中道의 뜻을 잘 알아야 한다. 현재 자심自心의 상태가 번뇌이든 불심佛心이든 그 자리의 그것을 취하거나 버리거나 할 바 없이 그렇게 있는 것이 곧 유무중도의 뜻이다. 『원각경』 청정혜보살장에 다음과 같이 설하였다.

선남자여! 단지 모든 보살과 말세의 중생들이 일체 어느 때나 망념을 일으키지 아니하고, 모든 망심을 또한 멸하려고도 하지 아니하고, 망상의 경계에 머물러 여기에 요지了知하려는 마음을 가加하지도 아니하고, 요지하려고 하지 않는 가운데 진실인가를 분간하려고도 아니한다면 그러한 모든 중생들은 이 법문을 듣고 신해信解 수지(受持 : 받아 지님)할 것이며, 두려움을 내지 않을 것이니 이러함을 이름하여 각성覺性에 수순隨順함이라고 이름한다. 선남자여! 너희들은 마땅히 알라! 이러한 중생들은 이미 일찍이 백천만억 항하사의 제불諸佛과 대보살에게 공양하여 수많은 덕의 근본을 심었느니라. 불佛은 이러한 사람을 이름하여 '일체종지(一切種智 : 모든 존재의 인연, 적멸상, 차별상의 연유까지 다 아는 부처님의 지혜)를 잘 성취할 이들'이라고 하느니라.

여기서 말하는 각성覺性에 수순隨順함이 곧 염念함 없이 불심佛心을 염함이다. 불심佛心을 머리로 분별하기 이전에 이미 가슴에 자리하여 발현되어 있는 것이다. 위의 법문이 망념妄念에 대한 것이라면 원각에 대해서도 마찬가지이다. 『원각경』 청정혜보살장에 원만한 보리성(菩提性 : 覺性), 취할 바도 없고, 증證할 바도 없네.

라고 하였다. 원각성圓覺性 또한 자성自性이 있는 것이 아니어서 일체법을 따라 그 성품이 일어나는 것일 뿐이다[性起]. 그러나 성품은 공적空寂하고 무상無相이어서 일어났다[性起]는 언설이나 관념도 취할 수 없다. 단지 그러한 뜻이 있기에 원각성에 향하려거나 얻으려거나 잡으려 함을 떠난다. 요컨대 마음을 어떻게 하려고 함이 없어야 불심佛心의 등불이 켜진다. 여기에 유무중도有無中道를 궁극으로 하는 일체의 이법과 이에 의한 이입理入과 행입行入이 함께 갖추어지는 것이다. 그래서 대승경전은 이 법문에 치중하여 여러 면에서 설하고 강조하며, 갖가지로 그 뜻을 분명히 하고 있다. 경론에서 바로 이 뜻을 안다면 따로 선지식을 찾아 문의하여 소위 "언하에 바로 깨닫는다[言下便悟]"는 것을 구할 필요가 없다.

『육조단경』에 분명히 말하였거니와 언하편오言下便悟는 경론의 법문으로 이러한 자리에 들지 못하였을 때 선지식을 찾아 친절한 가르침을 청하여 그 말을 듣고 깨우쳐야 한다고 한 말이다. 그런데 이 말은 후대에 크게 잘못 이해되어 왔다. 경론의 공부를 통해서가 아니라 단지 선사들을 찾아가 그 말을 듣고 바로 깨우쳐야 진실하고 궁극의 깨우침인 양 오해한 것이다. 그리하여 경론으로 차분히 이입理入과 행입行入을 통해 불심佛心을 전등傳燈할 수 있는 길을 버리고, 그저 몇 마디 선어록禪語錄으로 언제 느닷없이 큰 깨달음이나 오지 않나 하고 일생을 보내는 경우가 매우 많다. 그러나 이입理入이 제대로 되어 있지 않다면 한 걸음도 나아가지 못한다는 것을 잘 알아야 한다. 그 리理는 곧 진리이고 진리는 진여眞如이다. 온전한 이입理入은 아니라 하더라도 그 리理의 한 부분이라도 점차 밝아지고 뚜렷해지면 한 걸음 한 걸음 나아가고 있는 것이다.

그런데 무턱대고 언하편오(言下便悟 ; 말을 듣고 곧바로 깨달음)나 기대하여 선문답에서 무언가 터질 것이나 애써 구하고 있다면 장벽 앞에서 장벽이 부서질 것만 기대하고 길을 알아 가려고 하지 않는 것과 같다. 언하편오에서의 선지식의 가르침도 결국 질문하는 이가 경론의 뜻을 현실에 구현시키지 못하고 있는 부분과 놓치고 있는 사항을 알아채서 그곳을 터 주고 지적해 주는 것일 뿐이다.

그래서 돈황에서 발견된 초기 선종의 여러 가지 문답식 어록에서 보는 바와 같이 선사는 질의응답 형식을 통하여 대승경론의 인용에 의거한 친절한 해설을 해주고 있다. 후대와 같은 선문답식 대화가 아니다. 선지식의 언하言下에 바로 깨닫는 이들보다 경론에서 바로 깨우치는 이가 더 뛰어난 근기임을 알아야 한다. 그런데 어찌 언하에 바로 깨달아야 만이 대오大悟라고 생각하는가. 언하言下에 곧바로 깨달은 여러 선사들의 사례들에서도 그 선사가 누구를 찾아가 묻기 이전에 이미 여러 대승경론을 넓고 깊게 섭렵하였음을 알아야 한다. 후대에는 단지 문답한 그 장면만을 들어 오직 그 자리에 모든 수증修證의 관건이 다 걸려 있는 것으로 보아 왔다. 그러다 보니 차분히 경론 공부하는 데는 힘을 들이지 아니하고, 곧 깨닫게 될 것만을 학수고대한다. 실로 우암선愚暗禪이라 하지 않을 수 없다. 경론을 좀 공부했다 하더라도 아직 그 심의深義를 이해하지 못해서 선지禪旨를 얻지 못한 채로 곧장 의심 뚫어 곧장 깨닫는 길에만 매달린다. 간화선이 바로 그러한 행이다. 대부분 이전에 있었던 언하편오言下便悟의 끝자락만 붙잡고 있다. 그러나 달마대사도

교에 의지하여 종(宗 : 근본, 심성)을 깨닫는다.(藉敎悟宗)(『능가사자기』에 인용된 『二入四行論』)

라 하였고, 하택신회荷澤神會도

지식知識들이여! 반야바라밀(지혜로 건너감, 해탈함)을 배우려거든 반드시 널리 대승경전을 읽어야 합니다. 대승경전으로써 정심正心할 수 있다는 것은 제일의 의심할 나위 없는 사실입니다. ……(중략)…… 부처님의 말씀에 의거하여 삼업(三業 : 身口意로 짓는 행업)을 청정히 해야 비로소 능히 대승에 들 수 있는 것입니다. 이 돈문頓門은 오직 여래의 설에 의거하는 것입니다.(『南陽和尙頓敎解脫禪門直了性壇語』)

고 하였음을 명심해야 한다. 불법佛法의 행증行證은 억지로 해서

되는 것이 아니다. 이입理入이 제대로 안 된 채로 어떻게 하다 어느 한 면에서 좀 터지는 일은 있을 수 있으나 대개 더 깊고 높게 진전되지 못하고 오히려 퇴보하게 되는 것이 보통이다. 깨우치려는 욕심만 앞서 있고 바탕이 되어 있지 않은 까닭이다. 그 바탕은 이입理入에 의해 지혜를 갖춤이다. 이것이 안 되어 있으니 불법佛法을 수증修證한다고 하면서도 실은 외도의 행을 하고 있고, 대승의 법 또는 최상승선이나 조사선을 닦는다 하나 실은 3승이나 2승의 행을 하고 있다. 마음을 일으키거나 마음을 어떻게 해서 억지로 해 나가는 행은 수많은 병폐를 가져오게 된다. 모두 정법을 아직 얻지 못한 까닭이다.

제7장 염불念佛이란 염불심念佛心이고, 불심佛心은 무상無相이다

기도염불과 선으로서의 염불은 어떻게 구분되는 것인가. 소승근본선은 대체로 소위 오문선(五門禪 ; 五停心觀, 五度觀門)에 거의 포괄되는데, 경전에 따라 그 내용이 약간 다르지만 염불관이 부정관不淨觀·자비관·인연관·수식관數息觀과 함께 그 가운데 포함되어 있다. 또 대승의 여러 경론에서도 염불의 행법이 설해져 있다. 천태지의天台智顗, 538-597 대사는 근기에 따라 염불문에 5종의 방편이 있다 하고, 이를 통괄 정리하여, (一) 극락왕생을 구하는 이들은 칭명왕생염불삼매문稱名往生念佛三昧門, (二) 죄업장의 소멸을 구하는 이들에게는 관상멸죄염불삼매문觀相滅罪念佛三昧門, (三) 미혹한 마음으로 경계를 집착함으로부터 떠남을 구하는 이들에게는 제경유심염불삼매문諸境唯心念佛三昧門, (四) 마음이 실유實有하다고 분별 집착함을 제거하고자 하는 이들에게는 심경구이염불삼매문心境俱離念佛三昧門, (五) 깊은 적멸을 구하는 이들에게는 성기원통염불삼매문性起圓通念佛三昧門이 설해져 있다고 하였다.10 이와 같이 염불문의 범위도 매우 넓어서 모든 면을 갖추어 논의하기는 어려운 일이다.

같이 염불이라 이름 하지만 부처님의 상호相好와 공덕을 염念하는 행, 불佛의 명호名號를 외우면서 염하는 행, 서방 극락세계 왕생을 발원하며 칭명稱名하는 행 등 여러 가지가 있다. 한편 불佛을 모든 존재의 평등 일여一如한 성성性을 가리키는 진여眞如 내지 일미一味의 이법理法으로 보고, 그 성성性이 불생불멸不生不滅하고 공적空寂하여 본래 물듦이 없고 항상 청정한 자심自心의 당처當處에 구현되어 있는 것임을 요지了知하여 이를 염念해 가는 행이 있고, 이를 대개 실상염불實相念佛이라 하는데 이 행에는 일상삼매一相三昧와 일행삼매一行三昧가 함께 갖추어진다. 대체로 염불선念佛禪이라 하면 전자(염불)에 대비하여 후자의 행을 가리키는데 여기에도 다시 방편행方便行과 방편을 넘어선 무공용無功用 내지 구경究竟의 행이 구분된다. 이렇게 구분하여 그 뜻을 명확히 아는 것은 염불행念佛行에 대한 여러 시비是非 의론을 해명하고, 스스로 마땅한 행을 결택하여 뚜렷이 자신 있게 행하며, 보다 높고 원만한 행으로 나아갈 수 있는 바탕이 된다.

---

10 『五種方便念佛門』, 『대정장』 47.

『대승기신론』은 자심自心에서 불성佛性을 요지하게 하는 가르침을 설한 후 이 법에 바로 따르지 못하는 이들을 위한 방편의 길을 다음과 같이 제시하고 있다.

또한 중생이 이 법을 처음 배우면서 바른 믿음을 구하고자 하나 그 마음이 겁약怯弱하여 이 사바세계에 머물러서는 항상 제불諸佛을 만나 직접 따르며 공양하는 것을 할 수 없을 것이라고 스스로 두려워하고, 신심信心이 성취되기 어렵다고 말하면서 물러서려고 하는 자가 있다. (이들을 위한) 여래의 뛰어난 방편이 있음을 알지니 신심을 굳건히 지키도록 호지護持해준다. 즉 마음을 오로지 하여 염불念佛한 인연으로 수순하여 타방他方의 불토佛土에 생하며, 부처님을 항상 뵙고, 영원히 악도에서 떠난다. 경에 설한 바와 같이 만약 사람이 서방극락세계의 아미타불을 전념專念하면 바로 왕생하여 항상 부처님을 뵙게 된다 한 까닭이며, 끝내 물러섬 없이 저 불佛·진여眞如·법신法身을 관觀하여 항상 부지런히 수습修習하면 필경에는 올바른 선정을 생하여 머무르게 될 수 있는 까닭이다."[11]

---

[11] 「復次衆生初學是法, 欲求正信, 其心怯弱, 以住於此娑婆世界, 自畏不能常值(諸佛), 親承供養, 懼謂信心難可成就, 意欲退者. 當知如來有勝方便, 攝護信心, 謂以專意念佛因緣, 隨願得生他方佛土, 常見於佛, 永離惡道. 如修多羅說, 若人專念西方極樂世界阿彌陀佛, 所修善根, 迴向願求生彼世界, 卽得往生, 常見佛故, 終無有退. 若觀彼佛眞如法身, 常勤修習, 畢竟得生住正定故.」『대정장』 32, 583a.

원효대사의 해설에 의하면, "끝내 물러섬 없이" 이하의 구절은 자심自心에서 진여법신을 약간 견見한[少分見, 相似見] 십해十解 이상 보살과 내지 진여법신을 증견證見한 초지初地보살 이상의 보살이 필히 왕생하게 된다[定生]는 것을 말한 것이라 하고, 단지 이 구절은 상배인(上輩人 : 상근기)에 의거해서 필경에 왕생할 수 있다는 것을 설명한 것이고, 아직 법신을 보지 못하였으면 왕생할 수 없다는 말은 아니라고 하였다.12 요컨대 이 법문이 뜻하는 것은 자심自心에서 진여법신을 조금이라도 보았다면 분명히 왕생하는 것이나 그렇지 못하였다 하더라도 마음을 오로지 하여 염불念佛한 인연으로 왕생할 수 있다는 것이다. 이에 대해서는 『아미타경』에 자세히 설명되어 있다. 이렇게 본다면 양자 모두 마찬가지로 왕생할 수 있다는 것이되, 단지 진여법신을 견見한 보살은 '필경', 즉 반드시 왕생할 수 있다는 말이 덧붙여져 있다는 것이다. 또한 원효대사의 『유심안락도』에 의하면 극락세계에도 구품九品과 변지邊地의 차등이 있어 이 생에서 진여법성을 어느 정도 분명히 증득하였느냐에 따라 각각 그에 상응하는 극락세계에 왕생한다. 즉 같은 왕생이라 하더라도 많은 차별이 있고, 왕생으로 수행이 마쳐진 것이 아니다.

---

12 『대승기신론소』에 '若觀法身畢竟得生者, 欲明十解以上菩薩, 得少分見眞如法身.是故能得畢竟往生, 如上信成就發心中, 言以得少分, 見法身故 此約相似見也. 又復初地已上菩薩, 證見彼佛眞如法身, 以之故, 言畢竟得生.' 『대정장』 44, 225c.

위의 인용 법문은 염불念佛에 두 가지가 있음을 말하고 있는 셈이다. 하나는 불佛과 함께 재세在世하지 아니하고는 스스로 자심에서 수행을 헤쳐가지 못하는 자를 위해 시설된 여래의 뛰어난 방편문이니 오로지 왕생을 발원하며 염불하는 행이다. 다른 하나는 자심自心에서 진여법성을 견증見證하는 문門이다. 자심의 진여법성을 타방他方 정토의 불佛과 대비하여 자성불自性佛이라 칭한다. 염불과 염불선을 굳이 구분하여 말한다면, 바로 자심에서 자성불을 요지了知하였다면 자연히 염불선이 되는 것이고, 그 이전은 염불念佛이라 할 것이다. 그렇다면 염불에도 왕생을 발원하는 염불이 있고, 자성불을 요지하지 못한 채로 명호나 상호相好를 전념專念하는 염불이 있다.

일단 염불과 염불선을 이렇게 구분하고 본다면 근기에 따라 자신에게 합당한 법문에 의거해야겠지만 왕생하였던 안 하였든 궁극에는 자성불自性佛을 요지하지 않으면 안 되는 것이기에 염불선으로 진전되지 않으면 안 된다. 염불선으로 나아가는 길은 경론의 심의深義를 자심自心에서 요지하거나 선지식의 가르침을 듣고 깨닫는 길[言下便悟] 등이 있다. 이렇게 깨달은 후에도 그 뜻이 자심에서 여일如一하게 이어지고 구현되게 하기 위한 염불행이 필요하다. 그래서 사조四祖 도신선사道信禪師는 이르길,

항상 佛(心)을 염念하여 대상에 끌리는 마음이 일어나지 아니하면

상相이 끊어져 무상無相하고, 평등하여 불이不二하다. 이 경지에
들어 나아가면 佛(心)을 염하는 마음도 사라지고 다시는 (앞의
법을) 꼭 의거해야 할 필요가 없게 된다.13

고 하였다. 단지 여기서 말하는 염불은 단순한 칭명염불(稱名念佛 :
부처님의 명호를 외우며 염불하는 행)은 아니다. 바로 앞 구절에 염불念
佛은 곧 염불심念佛心이고, 이 불심佛心은 무상無相으로 형상이 없다
고 하였다. 본래 분별과 염念을 떠나 있는 자심自心의 성품이 불심이
니 이를 요지하여 그 뜻이 뚜렷이 이어지고 구현되는 행을 말한다.
이렇게 이어가면 상相이 끊어져 평등 무이無二하게 되는 것이라
이 경지에 이르면 관찰하던 마음도 사라져 그러한 관행에 의거할
필요도 없게 된다는 것이다. 도신선사는 이렇게 무상無相하고, 평등
무이한 심心이 진여 법신이라고 한다.

이러한 심心이 바로 여래如來 진실법성眞實法性의 신身임을 본다.
또한 이를 정법正法이라 하고, 또한 불성佛性이며, 또한 제법실상
諸法實相 실제實際라 하고, 또한 정토淨土라 하며, 또한 보리菩提·
금강삼매金剛三昧·본각本覺 등이라 하며, 또한 열반신涅槃身이라
이름한다. 이름은 비록 한량없으나 모두 다 똑같이 또한 능관(能
觀 ; 主觀, 인식의 주체)과 소관(所觀 ; 객관, 인식의 대상)이 없다는

---

13 『능가사자기』 도신의 장에 인용된 『入道安心要方便法門』

뜻이다.14

불성佛性이나 여래·법성·법신·실상實相·실제實際·정토淨土·열반·보리菩提·본각本覺 등은 모두 능소能所가 따로 없다는 뜻이라 한다. 능소(能所 ; 주관과 객관)가 따로 없다는 뜻을 바로 나타낸 말이 일심一心이고 유심唯心이다. 본래 능소가 따로 없는 일심인데 무명無明으로 인해 능소로 나누어진 식識의 상태에 있게 된 것이 중생이다.

『능가경』에 분별 떠남이 진여라고 하였거니와 분별은 능소를 전제로 일어난다. 그렇다면 분별 떠난 진여의 자리에 어떻게 이를 것인가. 능소를 떠난 자리에 어떻게 이를 것인가. 능소의 식에 처해 있는 상태에서 어떻게 능소가 떠난 자리에 이를 것인가.

미망과 업식의 근본원인이 무명인 까닭에 밝은 지혜가 있지 않으면 무명을 타파할 수 없다. 자심의 본성本性이 본래 능소가 따로 없음을 요지함이 곧 지혜이다. 분별을 떠나기 위해서는 먼저 자심이 분별 떠나 있음을 요지한 지혜가 있어야 한다. 그래서 불교는 반야바라밀(지혜로 건너감, 해탈함)이라고 한다. 이러한 지혜가 열렸으면 이제 일상삼매一相三昧에 들게 된 것이다. 이 일상一相이란 곧 능소를 떠난 상相이란 뜻이니 대상이 될 수 없다. 그래서 일상이라

---

14 위와 같음.

는 상을 취하거나 여기에 향한다면 이미 일상의 뜻에 어긋나버린다. 이미 거기에는 능소가 있게 되어버리기 때문이다. 그래서 분별 떠남 그대로가 일상이다.『대지도론』27에 "일상一相이란 소위 무상 無相이다"라 함도 그 뜻이다. 또한 도신선사가 "초목이 따로 지知하는 바가 없는 것과 같이, 지知함이 없는 바(知함이 없다는 것)를 지知함이 되어야 이름하여 일체지一切智라 이름한다. 이것이 보살의 일상一相법문이다"고15 함도 같은 뜻이다. 단지 이러한 지혜가 열렸다 하더라도 무시無始 이래의 습기習氣가 남아 있는 까닭에 일상一相의 뜻을 여여如如하게 이어가는 행행이 필요하고, 그것을 일행삼매一行三昧라 한다.『문수설반야경』에서는 일행삼매를 설명하면서,

마땅히 먼저 반야바라밀(지혜로 건너감, 해탈함)을 듣고 설한 대로 수학修學하여야 하나니, 그러한 후에야 능히 일행삼매一行三昧에 들어간다.16

고 하였다. 반야般若 지혜가 먼저 이루어져야 일행삼매를 할 수 있게 된다. 그렇지 않으면 일상一相의 지혜가 없이 정신집중 일변도의 외도행과 다를 바가 없게 되어버린다.

---

15 『능가사자기』道信의 章에 인용된 『入道安心要方便法門』
16 「若善男子善女人欲入一行三昧, 當先聞般若波羅蜜, 如說修學, 然後能入一行三昧.」. 위의 『입도안심요방편법문』 所引.

94 달마선

금타화상金陀和尙, 1898-1948은 일상삼매一相三昧와 일행삼매一行三昧를 설명하면서 "일상이란 관적觀的이요, 일행이란 염적念的이다"고 하였다.17 '관적'이란 말은 지혜가 열렸으니 그 뜻이 드러남을 말하고, '염적'이란 그 뜻을 놓쳐버리고 여러 경계에 휩쓸리거나 그 뜻이 희미해지는 것을 막고 항상 뚜렷이 이어져 무시無始 이래의 습기習氣를 녹일 수 있도록 염념念念히 이어가는 행을 말한다.

도신선사가 자신의 법은 『능가경』의 '제불심제일諸佛心第一'과 『문수설반야경』의 '일행삼매'에 의거한다 하였는데18 여기서 전자는 먼저 요지(了知 ; 心悟)해야 할 일상삼매를 말한 것이니 곧 마땅히 먼저 요지해야 할 당리當理이고 혜慧이며, 달마대사가 말한 이입二入 가운데 이입理入에 해당한다. 후자는 이를 염념히 순숙純熟시켜 가는 정행定行에 해당한다. 습기는 꾸준한 정행定行이 있어야 소멸되는 까닭이다. 그래서 도신선사는 『입도안심요방편법문』에서 이 후자의 행에 대하여 초심初心의 방편법문을 비롯한 여러 관행觀行과 관행을 뛰어 넘는 행을 함께 설하고 있다.

관행에 아직 공용(功用 ; 힘을 들임)이 있는 행을 방편행이라 한다. 보살제7지까지는 가행加行과 공용功用의 관행觀行이 있게 되어 아직 방편지方便地라고 칭해진다. 그래서 원효대사의 『대승기신론소』에 "이 보살제7지는 무상관無相觀을 행함에 있어서 가행과 공용함이

---

17 釋金陀 著, 淸華 編, 『金剛心論』(聖輪閣, 2000. 10) p.167.
18 『능가사자기』 道信의 章에 인용된 『입도안심요방편법문』

있는 까닭에 무상방편지無相方便地라고 이름한다"고 하였다. 보살 제7지에서는 말나식(末那識 ; 제7識)이 영원히 현행하지 않게 되어 무상無相이 이루어졌으나 아직 공용功用의 행이 남아 있는 까닭에 '방편지方便地'라고 이름한다는 것이다. 『입도안심요방편법문』에 "(이 단락의 내용은) 초학자初學者의 전방편前方便에 해당하는 글이다. 까닭에 수도修道에는 방편이 있음을 알 것이니, 이렇게 방편에 따라 하여야 성심聖心에 회합(會合 ; 합치)하게 되는 것이다"고 한 것은 도신선사가 바로 그 방편의 뜻을 적절히 드러낸 말이다.

공용功用을 떠난 무공용은 보살제8지에서 성취된다. 즉 무작의無作意 내지 무공용無功用은 심성을 요지了知하였다 해도 바로 이루어지는 것은 아니고 간심看心의 공용행功用行이 실행되는 가운데 이리와 사사가 점차 일치되고, 능지能智까지 사라지면서 성취된다. 그래서 『대승입능가경』 권제6 게송품에 "심성心性 본래 청정함이 허공의 청정함과 같나니, 마음에서 다시 마음을 취하게 하는 것은 습기習氣 때문이지 다른 인因이 있는 것이 아니니라"고[19] 하였다. 심성을 요지하였다 하더라도 습기 때문에 일어나는 망념妄念인지라 공용功用의 방편행을 거쳐야 습기가 점차 소멸되어 간다.

이와 같이 능소能所 떠난 심성心性을 자심自心에서 요지하였다 하더라도 팔지八地보살 이상을 제외하고는 공용功用의 방편행이

---

19 「心性本淸淨 猶若淨虛空 令心還取心 由習非異因.」

있게 된다. 그런데 아직 그러한 지혜가 열리지 않았고, 이 대승의 심지心地법문에 대한 신심이 없는 범부에게는 불佛을 전념專念하는 공용功用의 방편행을 개시開示한다는 것이다. 즉 항상 불佛을 전념專念하고, 그 인연으로 정토에 왕생하여 항상 부처님과 함께 하니 순일純一한 본래의 심지心地가 드러나게 된다는 것이다.

한편 이 생에서 경론이나 선지식의 가르침을 통하여 십해十解 내지 초지보살 이상의 위位에 이르면 바로 자심에서 진여 법신을 약간 보거나 증견證見하는 것에 비하면 이 왕생염불 방편문은 왕생하여 불佛과 함께 하는 기간을 기다려야 하기에 더딘 길이라 할 것이다. 그러나 많은 이들이 쉽게 갈 수 있는 넓은 길이기도 하다. 그래서 이를 이행문易行門이라고도 한다. 그러나 근래 청화淸華선사(1923-2003)가 "자성불自性佛이 최고다"고 설하신 바와 같이 자심自心에서 자성불을 구현함이 염불왕생으로 타불他佛을 친견함보다 수승함 또한 알아야 한다.

한편 왕생발원을 통한 염불행念佛行이 아니라 반야바라밀(지혜로 건너감, 해탈함)을 전제로 한 염불행이 있다. 물론 이 염불행은 앞의 구분에 의하면 염불선이다. 『마하반야바라밀경』 권제23 삼차품三次品에 설한다.

보살마하살은 염불念佛함에 색色으로써 염念하지 아니하고, 수상

행식受想行識으로써 염하지 아니한다. 왜냐하면 이 색은 자성自性
이 없고, 수상행식도 자성이 없는 까닭이다. 만약 법에 자성이
없다면 이것은 무소유(無所有 ; 있는 바가 없음)이다. 왜냐하면
생각함이 없는 까닭이니(無憶故), 이것이 염불念佛이다. 또한 수보
리여! 보살마하살이 염불함에 삼십이상으로써 염하지 아니하고,
금색신金色身으로써 염하지 아니하며, 장광(丈光 : 佛身에서 뻗치
는 빛)으로써 염하지 아니하고, 팔십수형호八十隨形好로써 염하지
않는다. 왜 그러한가. 이 불신佛身은 자성이 없는 까닭이다. 만약
법에 자성이 없다면 이는 무소유無所有이다. 왜냐하면 생각함이
없는 까닭이니, 이것이 염불이다. … (중략) … 만약 법에 자성이
없다면 이는 법法이 아닌 것이니 염念하는 바 없는 것, 이것이
염불이다.[20]

일체법이 자성이 없는 까닭에 무소유無所有인지라 수상행식受想
行識의 억상(憶想 : 생각의 상념) 또한 당연히 없다. 이것이 곧 염불이
라 함은 바로 그러함을 요지하는 것이 염불이라는 뜻이다. 그래서
『금강경』에 "만약 모든 것에서 그 상相 없음을(아님을) 본다면 곧

---

20 「菩薩摩訶薩念佛 不以色念, 不以受想行識念. 何以故, 是色自性無, 受想行識
自性無. 若法自性無,
是爲無所有. 何以故, 無憶故, 是爲念佛. 復次須菩提! 菩薩摩訶薩念佛, 不以
三十二相念, 亦不念金色身, 不念丈光, 不念八十隨形好. 何以故, 是佛身自性
無故. 若法無性, 是爲無所有. 何以故, 無憶故, 是爲念佛. …… 若法自性無,
是爲非法. 無所念, 是爲念佛.」『대정장』 8, 385c.

여래를 봄이다"고 한 것도 같은 뜻이다. 도신선사는 이르길,

> 어떠한 것을 '생각하는 바 없는 것'이라 하는가 하면 즉 불심佛心을 염念하는 것을 이름하여 생각하는 바가 없는 것이라 한다. 심心을 떠나서 따로 불佛이 있는 것이 아니며, 불을 떠나서 따로 심이 있는 것이 아니다. 염불念佛이란 곧 염심念心이며, 구심求心이 곧 구불求佛이다. 왜 그러한가. 식識은 형상이 없으며, 불佛도 형상이 없다. 만약 이 도리를 안다면 곧 안심安心이 이루어진다.

고 하였다.21 즉 염불念佛은 곧 염심念心이고, 심心이 곧 불佛이다. 단지 그 심心은 무상無相이고 공적空寂하며, 능소能所가 따로 없는 일심一心의 심心이다. 그 심心은 불생불멸不生不滅이고, 출입이 없기에 망념妄念의 당처를 떠나서 따로 있는 것이 아니다. 그래서 당처當處인 즉심卽心에서 불佛임을 본다는 것이니 이를 즉심시불卽心是佛이라 한다. 그래서 도신선사는 이르길,

> 만약 마음이 본래 불생불멸不生不滅이며, 구경究竟 청정함을 안다면 곧 이것이 청정한 불국토佛國土라 다시 서방西方을 향한 수행을 할 필요가 없다.

---

21 『능가사자기』에 인용된 『입도안심요방편법문』

라고 한다. 자심自心에서 이미 불佛을 보았으니 타방他方을 향한 염불을 할 필요가 없는 것이다. 요컨대 서방정토西方淨土에 왕생往生해야만이 불佛을 볼 수 있는 것이 아니다. 대승의 이법理法을 자심에서 요지하였다면 당념當念 당처當處에서 바로 여래를 본다. 왜냐하면 당념 당처가 바로 능소能所를 떠나 유무중도有無中道의 현현인 까닭이다. 그래서 번뇌가 곧 보리菩提라고 하였다. 자심의 성품이 본래 공적空寂하여 지知함이 없고, 견見함도 없으며, 분별함이 없고, 무소유無所有이고, 무심無心이다. 이를 요지함이 곧 '반야란 지함이 없음이다[般若無知]'이고, 반야바라밀(지혜로 건너감, 해탈함)이다.

따라서 처음부터 염불은 곧 염불심念佛心이며, 불심佛心은 무상無相임을 알고 행하여야 한다. 그래서 앞에 인용한『문수설반야경』에도 반야바라밀(지혜로 건너감, 해탈함)이 먼저 되어야 한다고 한 것이다. 후대에는 이러한 점이 소홀히 되어 선종에서조차 염불심念佛心의 뜻이 제대로 전해지지 않은 것이 사실이다. 대체로 전념 일변도의 정행定行에 치우쳐 반야바라밀의 혜행慧行이 갖추어지지 못하였다. 정혜定慧가 균등해야 성취할 수 있다는 것은 부처님께서 수레의 두 바퀴에 비유하여 항상 강조하던 가르침이다. 염불念佛은 곧 염심念心이니, 심心에서 불성佛性을 보았다면 이어 수심행守心行이 있게 된다. 이를 주로 설한 법문이 5조 홍인弘忍선사의 법문으로 전하는『수심요론修心要論』이다.

『수심요론』에 "명료하게 (了知하여) 수심守心하면 망심 일어나지 않아 바로 무생無生에 이른다. 까닭에 마음이 본사本師임을 안다[了 然守心 妄心不起 卽到無生. 故知, 心爲本師]"라 하였다. 분별하는 망념이 본래 무생이라는 리理는 『능가경』의 요의이다. 『대승입능가경』 권제5 무상품에 "내가 설하는 무생이 곧 여래이니라. 의생신意生身·법신法身은 그 이명異名이다"고 하였다. 단지 『수심요론』에서는 그러한 무생無生의 심성心性을 요지了知하여 이를 분명하게 수심守心하는 공용功用의 방편행을 통해 실제로 무생無生의 사事에 이르게 됨을 말한 것이다. 공용의 수심은 어디까지나 방편행인 까닭에 궁극에는 무공용無功用 무위無爲의 수심守心이 되어야 한다. 그래서 『수심요론』에 이르길, "자신이 조속히 성불하고자 하건대 반드시 무위無爲로 진심眞心을 지키라"고 하였다. 진심을 지킨다는 것도 무위의 행이 되어야 한다는 것이다. 이것이 가능하게 되는 것은 먼저 일체가 유심唯心임을 요지한 각지(覺智 : 깨달은 지혜)가 있기 때문이다. 그래서 『대승입능가경』 게송품에 이르길, 단지 분별만 하지 않으면 된다는 것이 아니라 일체가 오직 자심自心일 뿐임을 요지한 각지覺智가 있어야 한다고 하였다.[22] 여러 대승경론에 강조

---

22 『대승입능가경』 권제7 게송품에
   不能起分別   분별 일으킬 수 없는 것을
   愚夫謂解脫   어리석은 범부는 해탈이라 하나,
   心無覺智生   마음에 각지 생김이 없다면,
   豈能斷二執   어찌 이집을 끊을 수 있으리.

하는 바와 같이 불교는 선오후수(先悟後修 : 먼저 깨달아 알고 난 후에 닦음)가 근본이다. 그 선오先悟는 또한 달마대사의 『이입사행론二入四行論』 가운데 이입理入이다. 『수심요론』에 이르길, "능히 뚜렷하여 정념正念을 잃지 않고, 무위심無爲心 가운데서 수학修學할 수 있다면 이것이 진학眞學이다" 하고, "비록 진학이라 하나 궁극으로 말한다면 수학할 바가 없다"고 하였다. 궁극에는 공용功用을 떠난 무위無爲의 수진심守眞心이 되어야 진학眞學이라는 말이다.

이와 같이 무위의 무공용無功用행이 되기 위해서는 심성心性을 뚜렷이 요지하여 정혜가 균등히 이루어져야 한다. 혜慧가 이루어지지 않은 가운데 전념 위주의 정행定行에 치우치면 억지 수행이 되어 여러 병폐를 쌓게 된다. 염불念佛도 무위로 되는 염불이어야 한다. 즉심즉불卽心卽佛의 뜻을 요지하였다면 공용功用의 방편행은 쉽게 떠나게 된다. 단지 그 뜻이 순숙純熟될 때까지 공용의 관행, 즉 방편행은 있게 되지만 이미 정혜가 균등한 방편행인지라 병폐가 생기지 않는다. 무공용의 불관不觀 불사不思의 행이 펼쳐지는 제8지 보살 이상에서는 정혜定慧가 따로 없게 되니 이를 정혜무이定慧無二라 한다.

以覺自心故　오직 자심일 뿐임을 깨닫는 까닭에
能斷二所執　능히 이집을 끊을 수 있으며,
了知故能斷　(唯心을) 요지하는 까닭에 끊을 수 있다는 것이지,
非不能分別　분별할 수 없다는 것이 아니니라.

앞에서 간략히 언급한 바와 같이 도신道信선사는, 자신의 법은 『능가경』의 '제불심제일諸佛心第一'과 『문수설반야경』의 '일행삼매'에 의거한 것이라 하였다. 이 가운데 앞의 '제불심제일'에 대해서는 도신의 이어지는 법문에도 더 이상의 해설이 없어 그 뜻을 제대로 이해하지 못하고 있는 경향이 많다. 이 구句는 『능가경』의 핵심요의이다. 주지하는 바와 같이 후대 선종은 염불선의 경향이 많은데 그 배경에는 이 구를 자신의 선법 맨 앞에 개시開示한 도신의 법문 이래 5조 홍인의 수심守心 법문, 그리고 신수의 간심看心과 혜능의 '식심견성(識心見性 : 心性을 알라!)' 법문에 이르기까지 자심自心의 당처當處에서 행하는 선법의 전통이 크게 영향을 끼쳤다고 본다. 심즉시불心卽是佛이고, 염불念佛은 곧 염심念心이라 한 까닭에 선종의 심법心法은 곧 염불심念佛心으로 쉽게 통해질 수 있는 것이었다. 단지 심성(心性 ; 佛心)이 불가득不可得이고 공적空寂하여 지知함도 없고, 견見함도 없으며, 능소能所를 떠나 일심一心이라는 리理를 먼저 요지하여야 비로소 선종의 선법을 할 수 있는 것이나 후대에는 이러한 선오先悟를 이룬 이가 드물게 되고, 대중의 교법 이해가 어렵게 되어 주로 불佛을 전념專念하게 하는 방편행이 많이 설해지게 되었다. 그러나 진정한 염불선念佛禪은 곧 염심念心이고, 염심은 자심의 당처에서 심성을 요지함이다.

근래 신수神秀의 간심看心 법문과 혜능의 '심성을 알라[識心見性]!'를 점법과 돈법으로 크게 달리 보는 경향이 많으나 이는 잘못이다.

간심看心을 통하여 견성(見性 : 심성을 깨달아 앎)이 가능한 것이고, '식심견성'에 이미 간심의 행이 전제되어 있다. 신수의 간심 법문은 어디까지나 자심의 당처에서 심성을 요지하는 것이다. 이렇게 본다면 선종의 심법은 그대로 염불선念佛禪이 되는 셈이다.

'제불심제일諸佛心第一'의 구句는 주지하다시피『능가아발다라보경』권제1의 게송에 대혜보살이 부처님께 청문하면서 말하길, "무상無上 세간해世間解이시어! 설하신 저 게송을 듣자오니, 대승의 모든 해탈문 가운데 제불심이 제일이옵니다[大乘諸度門 諸佛心第一]"고 한 데서 나온다. 이 어구는 바로『능가경』의 핵심 요의인 유심唯心·일심一心과 무생無生의 리理를 불심佛心으로 칭한 것이다.『능가경』의 이 요의에 대해서는 앞의 여러 글들에서 설명한 바 있다.[23] 자심自心이 본래 능소能所를 떠나 있어 일심一心이다.『대승입능가경』권제5 무상품에

> 오직 마음이 건립한 것이니, 나는 이를 무생無生이라 하네.[24]
> 능能·소所의 분별 떠난 것을 나는 무생無生이라 설하네.[25]

---

[23] 朴健柱,「『능가경』의 禪法(1)」,『종교와 문화연구』5(전남대종교문화연구소, 2003.4)
朴健柱,「『능가경』의 禪法과 초기 선종(2)」,『불교학연구』7, 2003.12
朴健柱,「『능가경』의 禪法과 초기 선종(3)」,『불교학연구』8, 2004.6
[24]「惟心所建立 我說是無生」
[25]「能所分別離 我說是無生」

라 하였다. 또한 일체의 분별 떠남이 진여眞如이고 유심唯心이며, 일심과 유심 또한 얻을 바 없고[不可得], 무생無生이어서 따로 세울 바 없다. 무생인데 무생이라는 법을 세운다면 스스로 모순된다. 유심이란 일체의 분별을 떠난다는 뜻인데 유심을 세운다면 이 또한 그 의義에 어긋난다. 그래서 유심唯心이되 무심無心이다. 이러한 뜻은 마음의 성품이 본래 그러하기에 그렇게 설하는 것이다. 색수상행식色受想行識의 성품이 본래 지知함도 없고, 견見함도 없으며, 분별함도 없다는 뜻은 『대반야경』의 여러 곳에 설해져 있다. 또한 『화엄경』에서도 설한다. 승조僧肇는 이 뜻을 '반야무지(般若無知 ; 반야란 知함이 없음이다)'라 하였고(『肇論』), 하택신회는 『현종론顯宗論』 등에서 이 법문을 주조主調로 하여 법을 펼쳤다. 이 '반야무지般若無知'에서 '무지無知'의 주어는 『대반야경』에서는 색수상행식의 일체법(심식과 물질의 모든 존재)이다. 그런데 『능가경』에 의하면 일체법은 곧 유심唯心인지라 오직 마음이 본래 지知함이 없고, 견見함이 없으며 분별함이 없다는 것이 된다. 즉 『능가경』에 따르면 '지知함이 없다'는 심心이 그렇다는 것이다. 그래서 무심無心이든 무념無念이든 그것이 행으로 될 때는 마음이 본래 무심이고 무념인 까닭에 마음이 본래 그러함을 요지하는 것이 앞서야 한다. 그래서 『능가경』에 단지 분별만 하지 않는다고 해서 되는 것이 아니고 일체법이 유심唯心임을 깨달은 지혜가 먼저 있어야 한다고 하였다.[26] 도신선사도 『입도안심요방편법문』에서 이 점을 강조하여

수학修學하는데 유의해야 할 사항은 반드시 심로心路가 명정明淨
해야 하며, 법상法相을 뚜렷이 분명하게 알아야 하고, 그러한
후에야 마땅히 남을 이끄는 스승이 될 수 있다.

고 하였다. 또한 이것이 『육조단경』에서 강조하는 '심성을 알라'는
뜻이다. 즉 자심自心에서 그 성품이 본래 지知함도 없고, 견見함도
없으며, 분별함도 없음을 요지了知하라는 뜻이다. 도신선사는 육근
(六根 : 여섯 가지 감각기관 ; 눈, 귀, 코, 혀, 몸, 意)이 공적空寂함에
지知하는 바가 없음을 관찰하라 하였고(『입도안심요방편법문』), 하
택신회는 "심心이 본래 공적함을 지知함이 수행의 용처用處라"고
하였다.27 모두 같은 뜻이다. 이렇게 먼저 심성心性을 요지한지라
마음을 일으켜 억지로 무념無念하게 하고 무심無心하게 하는 행이

---

26 『대승입능가경』 권제7 게송품에
    不能起分別 분별 일으킬 수 없는 것을
    愚夫謂解脫 어리석은 범부는 해탈이라 하나,
    心無覺智生 마음에 각지 생김이 없다면,
    豈能斷二執 어찌 이집을 끊을 수 있으리.

    以覺自心故 오직 자심일 뿐임을 깨닫는 까닭에
    能斷二所執 능히 이집을 끊을 수 있으며,
    了知故能斷 (唯心을) 요지하는 까닭에 끊을 수 있다는 것이지,
    非不能分別 분별할 수 없다는 것이 아니니라.

27 『南陽和尙頓敎解脫禪門直了性壇語』에 「知心공적(空寂), 卽是用處」. 楊曾文
編校, 『神會和尙禪話錄』, 中華書局, 1996.7, p.9.

아니다. 억지로 무념케 한다면 이미 무념이라는 염이 있게 되어버린다. 그래서 무작의(無作意 : 생각을 지음이 없음)의 무수지수無修之修가 후대의 선사들에게서 강조된다. 그리고 이러한 심성이 곧 불심佛心이다. 이러한 심성, 즉 불심을 자심에서 요지하고 이를 통해 나아가는 해탈문이 제일이기에 '제불심諸佛心이 제일第一'이라 한 것이다. 그래서 『대승입능가경』 권제3 집일체법품에

제일의第一義란 단지 오직 자심自心일 뿐이라는 것이다.

고 하였다. 이 구의 뜻이 곧 '제불諸佛의 심心이 제일第一'이다. 본경에 먼저 일체가 오직 자심自心일 뿐임을 요지한 깨달은 지혜가 있어야 이집(二執 : 아집과 법집)을 끊어 성취할 수 있다고 함은 그 이유를 설명한 것이다. 『능가경』에서는 바로 이 구를 서두序頭에 개시開示하고 이어 분별 떠난 심성心性의 자리를 여러 면에서 설하여 오입悟入 내지 증입證入하게 하고 있다. 이러한 취지는 도신의 『입도안심요방편법문』도 마찬가지이다. 그 제명題名에서 드러나듯이 이 법문에는 여러 초심初心의 방편 법문이 상당 부분 들어 있지만, 궁극의 선지禪旨는 바로 『능가경』의 선지를 그대로 설하고 있다. 부처님을 위시한 조사들의 여러 법문에는 이 두 면의 법문이 거의 대부분 함께 설해지는 것이 보통이다. 이 도신의 법문에서도 이를테면 "만약 처음 좌선을 배우는 때에……"로 이어지는 여러 기초법문

과 "고요한 곳에서 신심身心을 직관直觀해야 하나니, …… 일체 모든 것에 이르기까지 본래로 공적空寂하고, 불생불멸不生不滅이며, 평등하여 무이無二이고, 본래로 무소유無所有여서 구경究竟으로 적멸寂滅한 것이며, 본래로 청정해탈되어 있다고 응당 관찰하여야 한다. 낮과 밤을 가리지 아니하고 행주좌와行住坐臥에 항상 이 관觀을 하게 되면……"라든가 "또한 마음이 어떤 다른 경계에 끌리어 생각이 일어날 때에는 곧바로 그 일어난 곳이 필경에 일어난 바가 없음을 관찰하라. 이 마음이 끌리어 생각이 일어난 때 (그 생각이) 시방十方 어디로부터도 온 바가 없으며, 사라져도 또한 간 바가 없다. 마음이 대상에 끌리어 가는 것과 각관覺觀하는 망식妄識과 사상의 잡념과 어지러운 마음이 일어난 바가 없음을 항상 관하면 곧 거친 마음의 동요가 안정을 이루게 된다" 등의[28] 몇 가지 관행觀行을 설하고 있다.

또한 전술한 『능가경』의 선지禪旨와 같이 불심佛心이란 곧 분별을 떠남인 까닭이고, 분별을 떠난 유심唯心이며 일심一心인 까닭에 도신은 또 다음과 같이 관행觀行을 넘어선 불관(不觀 ; 絶觀)·불사不思의 행을 설한다.

또한 염불하지도 않으며, 또한 마음을 잡으려고도 하지 아니하고,

---

[28] 『능가사자기』에 인용된 『입도안심요방편법문』

또한 마음을 보려고도 하지 아니하고, 또한 마음을 분별하지도 아니하며, 또한 사유하지도 아니하고, 또한 관행하지도 아니하고, 또한 산란하지도 아니하며, 단지 바로 임운任運할 뿐이다. 또한 가게 하지도 아니하고, 머무르게 하지도 아니하며, 오로지 하나 청정한 구경처究竟處에 있으면 마음이 스스로 명정明淨해진다. 혹은 자세히 이법理法을 관하는 것으로 마음이 곧 명정해질 수도 있다. 마음이 밝은 거울과 같이 되어 혹은 1년이 지나면 마음이 더욱 명정해지고, 혹은 3년에서 5년이 지나면 마음은 더욱 명정해진다.29

고 설한다. 여기에서 "사유하지도 아니하고, 관행하지도 아니한다"는 등의 법은 앞에서 여러 관행을 설한 것과는 일견 모순되게 여겨질 수 있다. 그러나 실수實修의 면에서 가르침을 편다고 한다면 이렇게 방편의 면과 궁극의 면을 함께 설하지 않을 수가 없다는 사실을 알아야 한다. 처음부터 누구에게나 '사유하지도 아니하고, 관행하지도 아니한다'고 가르친다면 이것이 무슨 수행인가를 어떻게 알 수 있을 것인가. 이 법은 먼저 심성心性이 본래 사유함도 없고, 염念함도 없음을 요지了知해야 할 수 있는 궁극의 행이고, 심성이 그러함을 요지하기 위해서는 우선 자심이 그러함을 관찰해야 하는 것이다. 그래서 염불念佛 내지 염심念心도 심성을 요지하고 하는

---

29 위와 같음.

행과 그렇지 않은 상태에서 하는 행으로 나누어진다. 이를 용어로 구분한다면 전자가 염불선이고 후자는 염불이다. "사유하지도 아니하고, 관행하지도 아니한다.……"는 행이 이루어지는 것은 심성이 본래 사유함도 없고, 견見함도 없으며 지知함도 없음을 요지한지라 그 심성에 자연히 순응하게 되는 까닭이다. 이렇게 되어야 억지 수행을 떠나 원만한 행이 이루어진다. 심성을 요지함이 없이 단순히 전념專念의 방편으로만 행하는 것은 우선은 단순해서 쉽게 들어갈 수 있으나 생각을 짓는[作意] 공용(功用 ; 힘을 들임)에 의존하다 보니 억지 수행에 의한 여러 폐단이 나올 수 있고, 왕생을 통해 불佛을 친견親見하더라도 언젠가는 결국 심성을 요지하지 않으면 안 된다. 전술한 바와 같이 『문수설반야경』에 염불의 전념행專念行을 설하면서도 먼저 반야바라밀(지혜로 건너감, 해탈함)이 되어야 함을 강조한 뜻을 명심해야 할 것이다.

　달마 이래의 초기 선종 선법을 '여래청정선如來淸淨禪'이라고도 하는데 이는 '직지인심直指人心 견성성불見性成佛', '심성을 알라識心見性'의 명구名句가 가리키는 바와 같이 자심自心의 청정한 성품이 곧 그대로 불심佛心임을 알게 하는 선법이다. 그리고 그 청정한 자심의 성품이란 바로 분별하는 상념의 당처當處가 그대로 본래 분별을 떠나 있다는 진리이다. 위의 『반야경』에서 자주 강조하고 있는 바와 같이 능소能所를 떠나 있어 본래 사의성(思議性 : 사량분별성)을 멀리 떠났다는 법문은 『능가경』에서도 마찬가지로 자주 설파

되는 주요 법문이다. 권제6 게송품에

離於能所取　능취와 소취 떠난 것을
我說爲眞如　나는 진여라 하느니라.

라 하였다. 『능가경』의 요의인 일심一心과 유심唯心의 뜻도 능소能所를 떠난 까닭에 그렇게 말한 것이다. 또 같은 게송품에 설한다.

定者觀於心　정을 닦는 자 심을 관하나,
心不見於心　심이 심을 보지 못하나니,
見從所見生　견이 소견(所見 ; 보이는 것)에서 생하였다면,
所見何因起　소견은 무엇을 인으로 생기겠는가.

심심이란 본래 일심이어서 능能·소所가 따로 없는지라 관의 대상이 될 수도 없고, 관하는 자가 따로 있을 수도 없다. 그래서 심이 심을 보지 못하는 것이다. 심심뿐 아니라 법상法相을 비롯하여 밖으로 어떠한 상相을 관하거나 향함도 없다. 일체의 법상과 밖의 법들이 모두 무상無相이며 무생無生이고 유심唯心인 까닭이다. 그래서 곧 절관絶觀이다. 절관이니 곧 돈수頓修이다. 불심佛心의 뜻을 명료하게 깨달았다면 염불선念佛禪은 곧 절관이 되어야 한다. 우두법융牛頭法融의 『절관론絶觀論』이나 『심명心銘』에 그 절관의 뜻이 잘 개시開示

되어 있다.30

염불심念佛心의 뜻을 더 명확히 이해하기 위해 다음 글을 인용한다. 『능가사자기』 구나발다라삼장의 장章에 다음의 법문이 있다.

여기서 말한 안심에는 간략히 네 가지가 있다. 일一은 리理에 위배되는 심心이니, 일상日常의 범부심凡夫心을 말한다. 이二는 리理에 향하는 심心이니, 생사를 싫어하고 열반을 구하며, 적정寂靜에 쫓아감이니 이를 성문심聲聞心이라 이름한다. 삼三은 리理에 들어가는 심心이니, 비록 다시 장애를 끊고 리理를 드러내었다 하더라도 아직 능(能 ; 주관, 인식하는 者)과 소(所 ; 객관, 인식의 대상)가 없어지지 않았음을 말하니 이는 보살심菩薩心이다. 사四는 이심(理心 ; 理 그대로 心임)이니, 리理 밖에 다른 리가 없고, 심 밖에 다른 심이 없어 리가 곧 심이어서 심이 능히 평등함을 말한다. 심이 능히 평등함, 이를 이름하여 '리理'라 하고, 리를 비추어 능히 밝음, 이를 이름하여 '심心'이라 한다. 심과 리가 평등함, 이를 이름하여 '불심佛心'이라 한다. 실성實性에 합치함이란, 생사와 열반을 차별하여 보지 아니하는 것이다. 범부와 성인이 둘이 아니며〔無二〕, 경境과 지智가 둘이 아니고, 리理와 사事가 함께 융섭融攝되어 있고, 진眞과 속俗이 평등하며, 염染과 정淨이

---

30 두 자료는 박건주 譯解, 『선과 깨달음-초기선종법문해설』(서울, 운주사, 2004)에 해설되어 있음.

일여一如이고, 불佛과 중생이 본래 평등하여 일제(一際;一如)이다.
『능가경』에31 설한다.

"일체 어디에나 열반 없사오니

열반하신 부처님도 없고

부처님의 열반도 없어

각覺과 소각(所覺;대상으로서의 覺)을 멀리 떠났으며,

유有이든 무유無有이든 이 둘을 모두 함께 떠났나이다.32

구나발다라 삼장은 『능가사자기』에 선종의 초조로 올려져 있는 분이다. 그의 이 법문은 심心과 리理, 불심佛心의 관계를 명료하게 설명하고 있어 매우 중요하다. 심이 리에 들어갔으나 아직 능소能所가 없어지지 않았으면 보살위菩薩位이다. 심心에 능소가 없게 되면 일심一心이고, 일심이니 리와 심이 따로 있는 것이 아니어서 리가

---

31 『능가아발다라보경』 卷第一의 게송에 나오는 구절이다. 大慧보살이 법문을 청하기 전에 부처님을 찬탄하는 글 가운데 있다.

32 「今言安心者, 略有四種. 一者背理心, 謂一向凡夫心也. 二者向理心, 謂厭惡生死, 以求涅槃, 趣向寂靜, 名聲聞心也. 三者入理心, 謂雖復斷部顯理, 能所未亡, 是菩薩心也. 四者理心, 謂非理外理, 非心外心, 理卽是心. 心能平等, 名之爲理, 理照能明, 名之爲心, 心理平等, 名之爲佛心. 會實性者, 不見生死涅槃有別. 凡聖無二. 境智無二, 理事俱融, 眞俗齊觀, 染淨一如, 佛與衆生, 本來平等一際. 『楞伽經』云,
一切無涅槃　　無有涅槃佛
無有佛涅槃　　遠離覺所覺,
若有若無有　　是二悉俱離.」

곧 심이다. 능소를 떠나 일심이니 심이 능히 평등하고, 심이 능히 평등함이 또한 '리理'이다. 리를 비추어 능히 밝음, 이를 이름하여 '심心'이라 한다. 심과 리가 평등함, 이를 이름하여 '불심佛心'이라 한다. 따라서 염불심念佛心은 곧 심이 본래 리와 평등함을 먼저 요지해야 가능한 행이다. 여기서 말하는 리란 어디에나 평등한 성품이다. 진여眞如란 곧 리理가 진실하여 평등하다는 뜻이다. 자심自心에서 공空·무상無相·무원無願·무생無生·불가득不可得·무심無心·유무중도有無中道, 지知함 없이 지知하고, 견見함 없이 견見하는 등의 리가 살아 움직임을 증證해야 심과 리가 평등하게 된 것이고, 불심佛心이라 이름하는 것이다. 능소를 떠난 일심이고 불심인지라 불심은 인식이나 생각의 대상이 될 수 없다. 그래서 불심을 염한다는 것은 그 말 자체가 이미 방편의 법임을 뜻하고 있다. 아직 능소를 떠나지 못한 자리에서 능소를 떠난 불심에 어떻게 이를 것인가. 자심自心의 당처 당념이 본래 능소를 떠나 있음을 요지함이 먼저 이루어져야 한다. 요지了知하였다 하더라도 무시無始 이래의 망념妄念 습기習氣가 남아 있는 까닭에 제8지보살을 제외하고는 방편의 공용행功用行 내지 관행을 하게 된다. 그 관행 가운데 하나가 염불심念佛心이다. 단지 불심佛心의 뜻이 바로 불가득不可得의 리理인 까닭에 그 불심의 의義를 요지하고 있을 뿐이지, 불심을 어디에 따로 있는 것으로 생각하여 상념의 대상으로 삼아 전념專念하는 것은 잘못된 행이다. 『대승기신론』에

"이 정념正念이란, 유심唯心이어서 바깥 경계가 없고, 또한 바로 이 마음 역시 자상自相이 없어서 염념念念에 불가득不可得임을 마땅히 아는 것이다."

고 함도 그 뜻이다. 어디까지나 리理에 합당한 행이 되어야 한다. 즉 여리如理하고 여실如實한 행이 되어야 한다. 이렇게 되어야 염불선이라 할 것이다. 『대승기신론』은 또 바로 이어 설하길,

"만약 앉거나 일어나 가고 오고 나아가고 멈춤에 행을 작作하여 일체시에 방편을 상념常念하고, 수순隨順 관찰함이 오랫동안 익혀져 순숙淳熟됨에 그 마음이 머무르게 되고, 그 마음이 머무르니 점점 맹렬하고 날카로워지게 됨에 따라 진여삼매에 들 수 있게 된다.……
또한 이와 같이 삼매에 의하는 까닭에 법계가 일상一相임을 알아 일체제불 법신과 중생신이 평등하여 무이無二라고 말하나니 바로 일행삼매一行三昧라 이름하는 것이다. 마땅히 진여를 지지知하는 것이 삼매의 근본이다."

고 하였다. 상념常念 내지 전념專念의 행도 먼저 유심唯心이며, 유심唯心 또한 자상自相이 없어 얻을 바 없다는 뜻을 알고 해야 일행삼매一行三昧가 된다는 것이다. "방편을 상념常念한다"에서의 방편도 위에서

말한 유심의 뜻을 공용功用으로 관행하는 것을 말한다. 그 뜻이 무공용無功用으로 체현되는 제8지보살 이전 단계에서는 아직 그러한 공용의 방편행이 필요한 까닭이다. 진여를 먼저 지知하는 것이 삼매의 근본이라 하였는데 이러한 이입理入이 이루어지지 않은 채로 밀어붙이기 식의 전념專念 일변도로 삼매를 성취하겠다고 무리한 행을 애써 하는 사례가 많다. 명明 임제종 초산소기楚山紹琦, 1403-1473선사의 '염불하는 자가 누구인가?'를 참구參究하는 소위 참구 염불도 이입이 안 된 가운데 나온 또 하나의 전념 방편행이라 할 수 있다. 염불선이라 할 수 있는 행이 되려면 달마대사의 가르침에서 강조한 바와 같이 이입理入이 되어야 한다. 불심佛心이 곧 이심(理心 ; 理가 그대로 心임)인 까닭이다. 『금강심론』에 "먼저 상사각相似覺을 얻어야 한다"고 함도 같은 뜻이다. 염불을 통해 불佛이 현전現前하는 반주삼매(般舟三昧 ; 佛立三昧)를 설하는 『반주삼매경』에서도 먼저 "마음이 마음을 볼 수 없다", "마음이 마음을 모른다"는 법문을 개시開示하고 있는 뜻을 알아야 한다.

　『유마힐소설경』 불국품에 "만약 보살이 정토를 얻고자 하건대는 마땅히 그 마음을 청정하게 해야 하나니 그 마음이 청정하게 됨에 따라 불토가 청정해진다"고 하였고, 『육조단경』에 "미혹한 사람은 불佛을 염念하여 저 곳에 태어날 것을 구하나 깨달은 이는 그 마음을 스스로 청정하게 한다"고 하였다. 위에서 말한 불심佛心의 뜻을 알았다면 타방他方의 불佛이 계신 곳을 염원할 필요가 없게 된다.

자심에서 항상 불심이 증證되고 있기 때문이다. 이렇게 들어가기 어려운 이들은 극락왕생하여 항상 불과 함께 지내며 수행해 나가는 길을 발원하고 전념하여 염불하는 길도 뛰어난 방편행이라 하였다. (앞에 인용한 『대승기신론』) 두 법문이 모두 소중한 불법佛法이고 불설佛說이니 각 법문의 뜻을 잘 살펴서 지녀야 할 것이다.

두비杜朏가 지은 『전법보기傳法寶紀』는 중요한 초기 선종사서인데 여기에 염불 정토 법문과 관련하여 중요한 내용이 있다.

이 까닭에 (二祖)혜가·(三祖)승찬은 리理로는 진여眞如를 얻고, 행行에는 자취가 없었으며, 활동함에 있어서는 문기文記를 냄이 없었으니 법장法匠들은 잠운(潛運 ; 은둔하여 활동함)하고, 학도學徒들은 묵수(默修 ; 말없이 닦음)하였다. 四祖도신에 이르러서는 비록 지역을 택하여 법당을 열고 거처하였으나 …… (중략) …… 오히려 평생 동안 가르침을 받은 자가 큰 법을 들을 만하였어도 또한 전하지 않았다. 까닭에 선복善伏이 형산衡山에 들어가 오히려 깊은 선정을 얻게 되었지만 나머지 범천凡淺한 이들이야 말할 나위 없었음을 알 수 있는 일이었다. 이어 홍인·법여法如·대통(大通 ; 神秀)의 세世가 되어서는 법문을 크게 열어 근기를 불문하고 함께 부처님의 명호를 급속히 염念하여 정심淨心이 은밀히 저절로 드러나게 하였다. (이에) 당리當理와 법法이 오히려 번갈아 무겁게

감추어지고 말았다. 일찍이 드러내어 자세히 말하지 않아서 그 뜻을 이해할 만한 사람이 아니라면 그 심오한 뜻을 알아볼 수 없었다. 지금의 학자들은 항간의 이야기를 가지고 알지 못한 것을 알았다 하고, 얻지 못한 것을 얻었다고 한다. 염불念佛로 정심淨心하는 방편으로 이 법이 저 법(念佛)에 혼류混流되고 말았으니 진여眞如 법신의 본말本末에 어찌 일찍이 가까이 갈 수 있었겠는가. 슬프도다! 염念의 성품이 본래 공空함을 깨달았는데 어찌 염처念處가 있을 것이며, 청정의 성품이 이미 공적空寂하거늘 어찌 마음을 청정히 한다 함이 있겠는가. 염念함도 청정도 모두 없는 데서 자연히 만조滿照하는 것이거늘!33

이 글에는 2조 혜가에서 4조 도신에 이르기까지 진실한 선법을 공개하여 설하지 않았고, 5조 홍인, 6조 법여法如와 신수神秀에 이르러서도 대중들에게 단지 칭명稱名 염불하여 정심淨心하게 하는 방편의 법문을 위주로 펴다 보니 본래 달마 이래의 진실한 선법禪法이 염불念佛 방편문과 혼류混流되어 자심自心에서 진여眞如 법신을 요지了知하는 심지心地법문에 가까이 가지도 못하게 되었다는 안타까움과 탄식이 잘 드러나 있다. 근세기 들어 한국불교도 이입理入을 도외시하고, 오로지 전념 위주의 간화선看話禪이나 염불念佛, 진언

---

33 『전법보기』 본문 인용은 柳田聖山의 『初期禪宗史書の硏究』(京都, 法藏館, 2000)에 수록된 교정본에 의거함. 同書 pp.570-1.

행眞言行 등의 수행 위주로 인도引導되고 행해지고 있는 것이 위의 사정과 비슷하다. 『육조단경』을 소의所依경전으로 받들면서도 그 핵심 요의要義인 '유심정토唯心淨土', '자성정토自性淨土'의 뜻에 의거한 선법을 하라고 하지 않고, 전념專念의 행만 강조한다. 홍인에서 신수에 이르는 기간에 칭명염불의 방편행을 대중에게 편 것은 대중의 근기와 여러 여건에 의한 것이었을 것이다. 대중에게 심오한 심지心地법문을 위주로 인도하는 것은 어려운 일이다. 단지 이 『전법보기』의 기술은 대략적인 사정을 말한 것이고, 법여나 신수 등도 돈법 내지 심지법문을 설한 바가 있다는 것은 돈황에서 발견된 여러 북종 선법 문헌에서 알 수 있다. 신수보다 좀 뒤늦게 활동한 혜능慧能은 과감하게 돈법頓法의 심지법문 위주로 법문을 열었다. 그리하여 그 제자인 하택신회 등은 달마 이래 선법의 정통성을 이로써 선전하여 소위 남종南宗이 선종의 주류를 차지하게 되었다. 그러나 송대宋代 이래로 달마대사의 자교오종(藉敎悟宗 : 敎에 의거하여 宗을 깨달음)에 의한 이입理入 법문이 제대로 이행되지 아니하고, 교법의 쇠퇴로 이를 감당할 만한 층도 드물게 되어 전념의 강도를 최대한 끌어올리는 또 하나의 방편문인 간화선看話禪이 나오게 되었다. 그러다 보니 지금에 이르기까지 간화선 풍토에 의해 더욱 이입의 기초가 이루어지기 어렵게 되어버렸다.

전념專念의 행은 어느 행법에서나 공통으로 행해지는 것이나 이입理入 없이 하는 전념은 머리로 어떠한 상을 일으켜 여기에 집중하게 되는 행이 되기 쉽다. 전술한 바와 같이 이렇게 한다면 억지 수행이 되어 병폐가 많이 생긴다. 일단 공空·무상無相·무원(無願 ; 三解脫)의 뜻에 따라 마음으로 무엇을 지어 가리는 충동이나 얻으려는 생각을 버리고 자연히 가슴으로(自心에서) 되어지는 염불 내지 기타의 관행이 되어야 한다. 이렇게 억지 수행을 벗어나게 하고자 경론에서 수많은 법문을 펼치고 있는 것이다. 전념의 행법은 불교 이외에도 여러 종교에 숱하게 많다. 요컨대 전념도 소중한 행이지만 이것만으로는 정법正法이 되기 어렵다. 반야바라밀이 어우러진 전념이 되어야 정법이다.

따라서 최상승선으로서의 염불선이란 상념이 개재되지 않아야 하는 것이다. 분별 떠남이 진여眞如이고 불佛인지라 불을 상념으로 염한다면 이 또한 분별이 되어 염불선이라 할 수 없다. 『불설결정비니경佛說決定毘尼經』(『대정장』 12권)에 설한다.

若有比丘常念佛　만약 비구가 항상 염불한다면
此則非眞非正念　이는 진이 아니고, 정념이 아니다.
常知佛從分別起　항상 알지니, 불도 분별로부터 일어나는 것이며,
實不可取亦不生　실은 취할 수도 없고, 또한 생하지도 않는다는
　　　　　　　　것을.

여기서 염불하는 것은 진眞이 아니고 정념正念이 아니라고 한 것은 염불이 상념으로서의 불佛을 염念하는 것이 되어서는 안 된다는 것이다. 佛(心)의 뜻이 무엇인지를 안다면 불을 염으로 취할 수가 없다. 단지 서방 극락세계 왕생을 구하거나 죄업 소멸을 구하는 뜻을 염불기도로 행한다. 염불선은 일체법이 불가득不可得임을 요지한 바탕에서 행하는지라 무엇을 구하려거나 향하는 바가 없다. 그래서 무엇을 구하려거나 향함이 있는 염불하고는 뚜렷이 구분된다. '염불한다면 진眞이 아니고 정념正念이 아니다'는 뜻을 분명히 알아야 염불선이 되고, 그렇지 않은 염불은 염불선이라 할 수 없다. 또한 분별의 대상이 될 수 없는 자성불自性佛의 뜻을 알았다면 염불선이 되고, 그렇지 않으면 아직 어디에 향함이 있는 염불일 뿐이다. 여러 염불 법문이 있지만 궁극에는 상념(분별)을 넘어 선행이 되어야 한다는 뜻에서 최상승선으로서의 염불선을 개시開示하여 전자의 염불에 대비한 것이라고 생각한다. 자심自心에서 즉심시불卽心是佛의 자성불을 요지함으로부터 염불선의 길이 열린다고 하겠다.

제8장 점법漸法과 돈법頓法

- 무수지수無修之修

점법(漸法 ; 점차로 성취하는 법)과 돈법(頓法 ; 단번에 성취하는 법)은 후대에 많은 논란을 일으킨 사항인데 그 용어가 경전에서 본래 어떠한 뜻으로 쓰인 것인가를 제대로 알아야 갈피를 잡을 수 있다. 후대에는 처음 쓰인 용어의 뜻을 모르거나 망각하고 제멋대로 가미加味 윤색하여 쓰다 보니 후학들은 날로 혼동하게 되었다.

  수행을 통하여 증과證果에 이르는 길에는 분명히 빠르고 원만하며 구극究極의 묘각妙覺에까지 이르게 하는 법이 있고, 이를 대체로 돈법頓法이라 칭한다. 한편 돈법에 바로 들지 못하는 이들에게는 방편으로 낮은 단계부터 한 단계씩 밟고 올라가는 법으로 제도하니 이를 점법漸法이라 한다. 그러나 돈법이라 하더라도 그 돈법을 행한 즉시 곧바로 묘각에 이르는 경우는 등각等覺보살이 일체의 인행因行을 성취하고 마지막 찰나에 묘각에 이르게 되는 경우를 제외하고는 사실 없다고 해야 할 것이다.

『대승입능가경』 권제2 집일체법품에 점漸과 돈頓에 대해 다음과 같이 설하였다.

이때에 대혜보살마하살이 망심妄心의 흐름을 청정케 하고자 부처님께 청문하였다.
"세존이시어! 모든 중생이 자심自心 망상의 흐름을 청정히 하는데 있어서, 점차 청정이 이루어지는 것입니까〔漸淨〕, 단번에 청정이 이루어지는 것입니까〔頓淨〕."
부처님께서 설하셨다.
"대혜여! 점차 청정하게 되는 것이지 단번에 청정이 이루어지는 것이 아니니라. 암라과 열매가 점차 익어 단번에 익지 않듯이, 제불여래諸佛如來가 모든 중생의 자심 망상의 흐름을 청정히 함도 역시 이와 같아 점차 청정이 이루어지는 것이지 단번에 청정이 이루어지는 것이 아니니라. 그릇 만드는 사람이 그릇을 만들 때, 그릇이 점차 이루어지고 단번에 이루어지지 않듯이, 제불여래가 중생의 자심 망상의 흐름을 청정히 함도 역시 이와 같아 점차 이루어지는 것이지, 단번에 이루어지는 것이 아니니라. 비유컨대 대지大地가 여러 초목을 생함도 점차이지 단번에 생하는 것이 아니듯이, 제불여래가 제중생의 자심 망상을 청정히 함도 이와 같아 점차이지 단번에 이루어지는 것이 아니니라. 대혜여! 비유컨

대 사람이 음악, 서예, 그림이나 여러 기술을 익히는 것도 점차
되는 것이지 단번에 되는 것이 아니듯이, 제불여래가 모든 중생의
자심 망상을 청정케 함도 역시 이와 같아 점차이지 단번에 되는
것이 아니니라.
(이상은 漸淨相이고 이하는 頓淨相이다.)
비유컨대 거울이 단번에 많은 모습을 나타내되 분별함이 없듯이,
제불여래가 모든 중생의 자심自心 망상의 흐름을 청정히 함도
역시 이와 같아 일체의 무상無相한 경계境界를 단번에 나타내되
분별함이 없느니라. 해와 달이 일시에 일체 색상을 두루 비추듯이
제불여래가 모든 중생의 자심의 망습妄習을 청정케 함도 역시
이와 같아 단번에 불가사의한 제불여래의 지혜 경계를 시현하느
니라. 비유컨대 장식藏識이 몸과 국토의 일체 경계를 단번에 나타
내듯이 보신불報身佛도 역시 이와 같아 색구경천(色究竟天 ; 色界
四禪天의 最頂位)에서 단번에 일체 중생을 능히 성숙케 하여 제행諸
行을 닦게 하느니라. 비유컨대 법신불法身佛이 보신불報身佛과
화신불化身佛을 단번에 나타내듯이, 광명으로 빛나는 자증自證의
성스러운 경계도 역시 이와 같아 단번에 법상法相을 나타내고
비추어서 유有·무無 등의 일체 악견惡見을 떠나게 하느니라."

요컨대 자심自心 망상의 흐름을 청정히 하는 데는 점차 이루어지
는 상[漸淨相]과 단번에 이루어지는 상[頓淨相]이 있다. 점차로 이루
어지는 상相이란 아직 불과佛果에 이르지 못한 자리에서는 망습妄習

이 남아 있고, 망습은 단번에 소멸되는 것이 아닌 까닭에 망습이 점차로 소멸되면서 불과에 나아가는 것임을 말한다. 단번에 이루어지는 상이란, 여래如來의 경지에서는 일체중생이 언제 미혹된 바가 없어 본래 불佛임을 여실히 아는지라 분별함 없이 일시에 청정하게 함을 말한다. 따라서 점정상漸淨相과 돈정상頓淨相이 있으나 사실 돈정상은 불과佛果를 온전히 성취한 자리에서만 있는 것이고, 그 이전의 인행因行 단계에서는 모두 점정상인 것이다. 경문에서 보신불과 법신불의 예를 통해서 돈정상을 설하고 있다. 화신불이 중생의 망습을 제거하는 경우는 점정상과 돈정상의 뜻이 모두 있다. 그리고 이 법문에서 중생의 망상이 청정히 되는 것은 여래가 그렇게 함에 의해 이루어지는 것으로 되어 있다. 왜 그러한가. 사실 어느 자리에서나 수행이 진전되어 가는 것은 곧 본래의 불심(佛心 ; 一心)에 돌아가는 것이고, 그렇게 돌아가는 것은 곧 본래의 불심이 그렇게 함인 까닭이다.

그런데 보통 말하는 돈수頓修란 돈정상頓淨相의 뜻이 아니다. 돈정상은 본래 미혹된 바가 없어서 불심佛心과 무이無二인 일심一心에서의 여래행如來行이고, 돈수는 점수에 비해 빠르고 원만하며 묘각妙覺에까지 갈 수 있는 법을 말한다. 즉 돈수라는 말은 이미 과果에 도달한 것을 뜻하지 않는다. 돈수는 더 이상 수행이 필요치 않은 위位에 이른 것을 뜻하지 않는다. 앞의 글에서 논한 바와 같이 유심唯心이고 일심이며 무생無生인 까닭에 무엇이 무엇을 얻고 이루고자 하는 수修가 없는 수修, 무작의無作意의 수修인 무수지수無修之修가 곧 돈수頓修이다. 그래서 돈수는 먼저 유심이고 일심이며 무생이어서 일체법이 불가득不可得임을 돈오頓悟해야 타고[乘] 갈 수 있다. 또한 마음이 본래 지知함이 없고, 분별함이 없으며, 견見함이 없고, 사의思議함이 없음을 돈오하고 나서야 행할 수 있다. 그래서 이러한 돈오를 아직 이루지 못하여 닦을 것이 있고, 향함이 있는 행인 점수에 대칭해서 돈수라 하니 돈수는 원만하고 빠르며, 극과極果인 묘각妙覺 ; 아뇩다라삼먁삼보리, 無上正等覺)에까지 도달할 수 있는 행이란 뜻이다.

그래서 돈수가 빠르긴 하나 점정상漸淨相의 뜻이 있다. 그러나 돈수는 먼저 돈오, 즉 무심無心이고 무생無生이며 일심一心이니 따로 무엇을 얻을 바가 없는 것임을 깨달아야 가능하다. 그리하여 바로 불과佛果의 과果와 같은 인因을 이루고 가는지라 인과불이因果不二가 되어 '初發心時 便成正覺(처음 발심하였을 때 바로 정각을 이룬다)'의 뜻을 갖춘다. 그러나 사사事事에 인과동시因果同時가 됨은 곧 여래위如來位일 뿐이다. 여래위에서는 수행분상修行分上에서 비교 상대로 말하는 돈점頓漸이 따로 없다. 돈수는 어디까지나 수행분상에서 쓰이는 말이다. 돈수란 불과佛果에 정통으로 빠르며 원만하게 갈 수 있는 행이니 이 행이 곧 일불승一佛乘의 법이며 대승의 요체이고, 앞의 여러 글에서 말한 능가선 내지 달마선의 요지이다. 돈오가 되어야 돈수라는 빠르고 뛰어나며 원만하고 묘각에까지 갈 수 있는 수행이 되는 것이다. 돈오하면 그 깨달은 이법理法이 곧 묘각에 일치(계합)하는지라 묘각이라는 과果와 일치하는 인因이 되는 것이고, 본래 일심이라는 뜻에서 보면 바로 '처음 발심하였을 때 바로 정각을 이룬다'는 뜻이 되는 것이다. 그러나 씨앗[因]이 뿌려졌더라도 여러 여건이 갖추어지면서 싹이 돋고 열매가 열리듯이, 그 인因이 성숙해감에는 점정상漸淨相이 있게 된다. 인因과 과果가 불이不二이되 인은 과가 아니어서 인이라 하고 과라고 함이다. 이 두 가지 뜻이 함께 하니 점정상과 돈정상도 마찬가지이다. 화신불이 중생을 구제함에는 이 두 가지 뜻이 함께한다.

돈수와 점수에서 돈수란 바로 앞에서 말한 달마선(능가선)을 말한다. 돈수에 대해 근래에 어떤 이는 더 이상 수행이 필요 없는, 이미 다 완료된 경지라고 말하였으나 이는 잘못이다. 돈수는 점수에 비해 빠르고 원만하며 구극의 경지인 묘각에까지 갈 수 있는 행을 지칭한 말이다. 수修가 없는 것이 아니라 무수(無修 ; 無作意 ; 생각을 짓지 않음)의 수修가 있다. 돈수라고 해서 수행이 모두 끝나버린 것이 아니다. 그리고 돈수는 돈오를 먼저 해야 가능하다. 돈오란 유심唯心이되, 능能·소所의 분별 떠난 일심이고, 무심無心, 무상無相, 불가득不可得, 무소유無所有이며, 무생無生이고, 심성心性이 본래 지知함도 없고, 견見함도 없음을 명료하게 깨달음을 말한다. 이를 확실하게 깨달았다면 돈수가 자연히 이루어진다. 이를 여리如理라고 한다. 반면 점수는 아직 위와 같은 돈오를 하지 못한 까닭에 유심有心이고 유상有相이며 얻을 것이 있는지라 향함이 있고, 이 번뇌의 마음을 어떻게 해서 버리고 청정한 열반의 마음을 따로 구하고자 함이 있다. 즉 마음을 어떻게 수정修整하여 무엇을 이루고 얻고자 함이 있는 것이 점수이다. 그러한 닦음에는 자연히 수많은 단계의 점차가 있게 된다. 수행하는 중에 경계가 많으면 그 경계상境界相을 넘어서야 하니 힘이 많이 든다. 그러나 돈오하여 돈수하게 되면 경계상이 따로 없게 되어 힘이 덜 든다. 그래서 옛 선사가 이르길, "돈오하면 힘이 덜 든다"고 하였다. 단지 돈오에도 여러 경우가 있어 등각等覺보살이 행만(行滿 : 보살행을 원만히 다 행하여 충족함) 성취하여 최후에 구경의 묘각에 들 때의 오悟도 돈오인데 이는 그 이전의 돈오와는 구분된다. 그러나 보통 수행 과정에서 말하거나 수행법을 말할 때 쓰는 돈오는 묘각에 들기 이전의 오悟이다. 이 경우에는 오悟를 하였다 하더라도 아직 돈수의 수(修 ; 無修의 修)를 필요로 한다.

  1시간도 못되는 좌선 시간 중에도 오悟는 여러 번 이루어질 수 있다. 그래서 오에도 얕음과 깊이가 있고, 점오漸悟가 있는 것이다. 단지 얻을 바 없음을 오하였다면, 곧 무상無相이고 무생無生이며 일심一心이고 유심唯心임을 요지한 것이니 이 오悟는 돈오이고, 이제 돈수인 무수지수無修之修를 할 수 있게 된 것이다.

그런데 무수지수無修之修의 돈법은 후대 주로 남종南宗의 여러 선사들 법문에서 자주 보이고 그 곳에서 주로 이 명구名句를 접하다 보니 후대에는 이 법이 남종의 돈법에 한한 것으로 인식되는 경향이 있었다. 그러나 남종에서 점법으로 폄칭된 북종의 여러 선사들의 한결같은 법도 마찬가지로 실은 돈법頓法이다. 돈황 선종 문헌 가운데 북종의 여러 선어록을 통해 이를 분명히 알 수 있다. 단지 북종의 법문에는 방편의 점수법문이 들어 있는 것이 사실이나 중생을 교화하는 데는 아무데서나 누구한테나 항상 최상승의 돈법만을 말할 수는 없는 것이라는 점을 고려해야 한다. 상대의 성향이나 근기에 따라 점법과 돈법을 적합하게 제시할 수 있어야 참다운 스승이요 제대로 증득한 분이다. 그런데 어느 곳에서 어느 한때 점법을 말한 것을 가지고 수준 낮은 법 밖에 모른다는 식으로 선전해 버린다면 이는 그야말로 어리석은 일이다. 홍인弘忍선사의 제자 가운데 혜능 외의 제자들을 모두 점법이라 규정하고 혜능만이 최상승의 돈법을 인가받았다고 주장한 하택신회荷澤神會, 684-758는 그의 법문이나 어록 도처에서 신수神秀, 605-706의 선법을 다음의 사구四句로 말하고 있다.

응심(凝心 : 마음을 集注함)하여 선정에 들고, 마음이 (본래) 청정함을 보는데 머무르며, 마음을 일으켜 바깥을 비추고, 섭심(攝心 : 마음을 굳게 지킴)하여 내內로 증證한다.(凝心入定, 住心看淨,

起心外照, 攝心內證)³⁴

　이 법은 마음을 어떻게 하고자 함이 있고, 어디에 향함이 있는 행인지라 앞에 설한 능가선과는 분명히 구분된다. 그래서 이 선법은 물론 하택신회荷澤神會가 말한 바와 같이 점수漸修가 분명하나 앞에서 설명한 달마대사 이래의 능가선법이 아닌 것 또한 분명하다. 달마대사와 혜가대사는 능가선을 홍포하면서 바로 위의 구句에 의거하여 수행한 소위 일부의 '정학定學'집단으로부터 심한 공격과 핍박을 받았다.(『속고승전』 혜가전) 그런데 그와 같은 법에 어찌 오조 홍인弘忍의 수제자인 신수神秀가 머물러 있었겠는가.『능가사자기』에 신수의 법문이 실려 있거니와 그 내용은 분명히 위의 내용과 같은 것이 아니다. 달마대사 이래의 능가선 그것이며, 오조 홍인은 신수와『능가경』의 심의深義에 대해 대화를 자주 하였는데 그가 많은 것을 얻었다고 한 바 있다.³⁵ 또『능가사자기』에는 현색玄賾의『능가인법지楞伽人法志』를 인용하여 신수에 대해 다음과 같이 기술하고 있다.

---

34 이 句는 荷澤神會의 어록과 법문을 모은 『菩提達摩南宗定是非論』,『南陽和尚問答雜徵義』,『南陽和尚頓教解脫禪門直了性壇語』에서 거론되고 있다. 이 글들은 여러 곳에 수록되어 있으나 최근 중국에서 楊曾文이 교감하여 편한 『神會和尚禪話錄』(新華書店北京發行所, 1996)을 열람하는 것이 좋을 것이다.
35『楞伽師資記』弘忍의 章.

생각하건대, 안주安州 수산사壽山寺 화상(현색대사)이 찬撰한 『능가인법지』에 이르길,

"(神秀선사께서) …… 스승을 찾아 도를 구하던 중 기주蘄州 쌍봉산 홍인선사가 계신 곳에 이르러 선법을 받았다. 묵조默照와 언어도단(言語道斷 : 말의 길이 끊어짐) · 심행처멸(心行處滅 : 마음 갈 곳이 멸함)의 법을 전등傳燈하고, 문기文記를 짓지 않았다."

즉 신수神秀의 법도 선종의 돈법에서 말하는 언어도단과 심행처멸 바로 그것이었다. 단지 하택신회가 신수의 법이라고 말한 내용은 돈법을 알기 전에는 대체로 누구나 거치게 되는 단계이기도 하다. 돈법을 처음부터 바로 깨닫고 행하는 경우는 사실 대단히 드문 일이다. 그래서 나중에 돈법을 깨달아 성취한 이들도 처음에는 위의 사구四句와 같은 법으로 닦았던 바가 있는 경우가 대부분이고, 또한 남을 이끌 때는 상대에 따라 먼저 위와 같은 점수의 행行을 권할 수 있다. 이 법도 불법佛法에 있는 것이 사실이고, 달마대사 이후의 여러 선사들의 법문에도 어떤 곳에서는 위와 같은 점수에 속한 법문도 있다.

돈황에서 발견된 신수 계통의 여러 법문이 전하는 선법은 위의 사구四句 법문이 아니라 혜능이나 하택신회와 다를 바가 없는 돈법이다. 위의 사구 법문은 아마 신수가 일반 초입자를 대상으로 종종 설한 법문이었을 것이다. 사실 달마선법은 아무데서나 누구한테나 쉽게

설할 수 있는 법이 아니다. 초입자에게는 사구 법문도 중요하고 필요하다. 신수가 대중설법 때에 종종 설한 선법을 그가 직접 행하는 선법으로 보는 것은 잘못이다. 여타의 자료가 그 점을 말해 주고 있다.

다만 하택신회가 위의 사구 선법을 달마대사 이래의 선법과 명백히 구별하여 날카롭게 지적한 것은 소중한 일이기도 하다. 그는 위의 구에 의거한 선법을 비판하길,

이는 보리(菩提 : 覺)를 장애하고, 보리와 아직 상응하지 못하였거늘 어찌 해탈할 수 있겠는가?[36]

라 하고 있다. 앞에서 설명하였거니와 마음을 어떻게 하고자 하면, 즉 작의(作意 ; 생각을 지음)함이 있게 되면 이미 최상승선이 아니고 능가선이 아니다. 그런데 마음을 어떻게 하여 맑게 하고자 하고, 가지런히 하고, 무엇을 구하고 얻고자 한다면 이는 마음의 본성에 어긋나는 행이다. 마음의 본성에 어긋나는 행에 의해서 마음의 본성에 이를 수 없다. 즉 인因이 과果에 다르게 되어 그 인행因行이 묘각의 과果를 얻을 수 없다. 볍씨로 사과 열매를 얻을 수 없는 것과 같다. 그래서 돈오하기 전에 점수를 하더라도 그 점수에만 머물러서는 안 된다. 점오漸悟를 통해서든 돈오를 통해서든 앞에 말한 유심唯心・일심一心의 뜻을 요지하지 않으면 안 되는 것이다.

---

36 앞에 든 『南陽和尙問答雜徵義』. 앞의 책, pp.81-82쪽.

그래서 그 점수가 오히려 돈오를 방해하는 처지에 있다면 그것을 버리게 함이 하나의 필요한 방편이 된다. 육조 혜능대사와 하택신회가 점수를 비판하고 돈오의 길을 극력 주창한 것은 여기에 참뜻이 있다. 그러나 점수를 거쳐야 할 경우가 대부분이고, 점수에 의해 돈법이 구분되고 파악되는 것이므로 점수의 법문 또한 중요하고 필요하다. 그래서 신수의 사구四句 법문 또한 소중하며 그러한 필요에서 그렇게 설하기도 한 것으로 이해해야 한다. 위의 사구 선법은 어디까지나 신수가 일반 대중에게 방편으로 설한 기초 법문이다.

마음은 본래 무상無相이고 무심無心이며, 무념無念이고 무작의無作意이며, 공적空寂하고 불가득不可得이며, 무소유無所有이다. 하택신회는 이러한 명구들을 자주 들어 설파하고 있다. 다른 곳에도 물론 이에 관한 법문이 많으나 그의 해설은 명료하고 명쾌한 바가 있다. 여기에 그의 법문을 몇 가지 인용한다.

심심心은 본래 짓는 바 없고, 도道는 항상 무념無念하여, 염念함이 없고 헤아림도 없으며[無思], 구함도 없고[無求] 얻을 바도 없다[無得].(『현종기顯宗記』)

마음에 만약 염念이 일어나면 곧 각조覺照함이 있게 된다. 마음 일어남이 멸하면 각조함이 스스로 없어지니 이것이 곧 무념無念이다. 이 무념이란 곧 하나의 경계境界도 없는 것이다. 만약 하나의 경계라도 있으면 곧 무념에 상응하지 못한다.(『보리달마남종정시비론菩提達摩南宗定是非論』)37

단지 생각을 짓지 아니하여 마음이 일어남이 없음, 이것이 참다운 무념이다. 견見이 있으면 필경 지知함을 떠나지 못하고, 지知함이 있으면 견見을 떠나지 못한다. 일체 중생이 본래 무상無相이다. 지금 상相이라 한 것은 모두 망심妄心을 말한다. 마음에 상이 없게 되면 이것이 곧 불심佛心이다. 만약 생각을 지어 마음이 일어나지 않도록 한다면 이것은 식정識定이며, 또한 이름하여 법法을 견見하는 심心이 있는 자성정自性定이라 한다. 마명馬鳴보살이 이르길, '만약 중생이 무념無念임을 관하게 되면 곧 불지佛智이다'고 하였다.(『남양화상돈교해탈선문직료성단어南陽和尙頓敎解脫禪門直了性壇語』)38

식정識定이란 마음을 지어서 제지制止하여 붙잡고 있는 것이니 분별식을 떠나지 못한 것이다. 법法 견見하는 자성정自性定이란 아직 취사분별의 견見이 있어 붙잡고 있는 선정이 있다는 뜻이다. 선정도 환幻과 같아 불가득不可得임을 온전히 증득한 삼매가 보살제8지의 여환如幻삼매이다.

또한 신라新羅 출신인 정중무상淨衆無相, 684-762 선사는 이르길

---

37 앞의 『神會和尙禪話錄』, 39쪽.
38 앞의 책, 12쪽.

우리 달마조사께서 전한 가르침은 이 삼구三句이니, 이것이 총지문總持門이니라. 염念이 일어나지 않음, 이것이 계문戒門이요, 염이 일어나지 않음, 이것이 정문定門이며, 염이 일어나지 않음, 이것이 혜문慧門이나니, 무념은 곧 계정혜戒定慧를 구족具足하느니라. 과거 미래 현재의 항하사 제불諸佛께서 모두 이 문으로 들어오셨나니 이밖에 다른 문이 있지 않느니라.(『역대법보기』 정중무상의 장)

라 하였다. 무념無念이란 상념이 일어나지 않음[念不起]이다. 그런데 무념행이란 억지로 생각을 일으키지[作意] 않도록 함이 아니다. 생각을 지어[作意] 생각을 일으키지 않도록 하면 이미 생각이 있으니 무념이 될 수 없다. 단지 본래 자심自心이 사념思念하지 않는 것임을 알 뿐이다. 그래서 무념행無念行은 곧 본래 중생심이 본래 무념임을 알아 생각을 지어 무념하고자 함도 없는 것이다.

신회神會는 또 이르길, "작의作意하지 않으면 곧 그대로 자성보리(自性菩提 : 自性覺性)이다"고[39] 하였다. 중생심이 본래 무념이라 함은 중생심이 곧 공적空寂하고 적멸寂滅하며 무소유無所有이고 무상無相임을 말한다. 전술한 바와 같이 마음이 본래 공적하니 무심이고 지知함이 없으며, 견見함도 없다. 신회는 이르길

---

[39] 『南陽和尙頓教解脫禪門直了聖壇語』, 앞의 책, 13쪽.

심心이 공적空寂함을 아는 것, 이것이 곧 용처(用處 ; 마음수행의 요점)이다.

고 하였다. 본래 그러하니 따로 생각을 지음이 없이, 구하고자 얻고자 함이 없이 있을 뿐이다.

선가禪家의 명구名句 '지관타좌只管打坐'는 곧 그러한 뜻이다. 이 말을 직역하면 '단지 그대로 앉아 있으라'이다. 이 말은 얼핏 외적 모습인 앉아 있음에만 그 뜻이 있는 것으로 이해하기 쉬우나 실은 앉아서 마음으로 생각을 지어 무엇을 얻고자 하거나 정돈하고 고요히 하고자 하거나 이루고자 함이 없이 그냥 그대로 무심無心히 앉아 있으라는 뜻이다. 대체로 수선修禪한다고 앉아 있을 경우 마음으로 무언가 어떻게 하고자 하기 쉽다. 그래야 무언가 수행을 하고 있다는 감이 든다. 이는 아직 최상승선에 들지 못함이다. 이러한 잘못을 깨우쳐 주기 위해 '지관타좌只管打坐'의 경구警句가 나오게 되었다. 이 명구는 실제 돈법의 수행에 큰 도움을 준다.

무수無修라 함은 위와 같이 무작의無作意의 수修인 까닭이며, 수행이 없음이 아니니 무수無修의 수修는 있다. 무작의無作意의 수修이니 무수無修이고, 이로써 진여眞如에 돈입(頓入 : 곧바로 들어감)하는지라 수修가 되어 무수지수無修之修라 한다.

제9장 돈頓·점漸의 상관성

돈법頓法의 요의要義를 앞의 글에서 살펴보았다. 그렇다면 점법漸法은 돈법에 대해 어떠한 위상位相과 상관성을 지니는 것인가. 점법을 통하여 돈법으로 이를 수는 없는 것인가. 신회神會가 북종의 선법으로 비판한 점법과 실제 북종의 선법이 일치하는 것인가. 과연 같은 스승으로부터 나온 제자들의 선법이 신회의 말과 같이 극단으로 합치될 수 없는 성질의 것이었을까.

신회는 신수神秀의 선법을 오직 점법으로만 몰면서 다음과 같이 요약하여 말하였다. 편의상 앞에 인용한 원문을 다시 인용한다.

응심(凝心 : 마음을 集注함)하여 선정에 들고, 마음이 (본래) 청정함을 보는데 머무르며(住心看淨은 住看心淨으로), 마음을 일으켜

바깥 비추고, 섭심(攝心 : 마음을 굳게 호지함)하여 내內로 증證한
다.(凝心入定, 住心看淨(住看心淨), 起心外照, 攝心內證)

이하 이 선법을 사구四句의 선법이라 칭한다. 이 선법은 『단경』이
나 신회의 어록에 제시된 돈법과는 구분되는 점법으로만 보기
쉽다. 사실 점법의 방편행만이 쉽게 보여지는 글이다. 그러나 점법
의 방편문 가운데 돈법의 뜻이 엄연히 들어 있다. 바로 "마음이
본래 청정함을 본다"는 것이니 이는 전술한 돈법의 뜻에 그대로
상통하는 것이다. 『단경』에서는 간정(看淨 : 청정함을 봄)함도 도에
장애되는 것이라 하였는데, 이는 상(相 ; 분별)을 떠난 것이 청정인
데 청정이라는 상을 취하여 간看하게 되는지라 이는 이미 청정이라
는 상에 염착染着된 것이라는 뜻이다. 그러나 이 사구에서의 '주심
간정住心看淨'이 그러한 간정으로만 해석되는 것이 아니다. 즉 "마
음의 성품이 본래 청정한 것임을 간看함에 머무른다"고 해석되는
것이다. 신수가 『능가경』에 주로 의지하여 공부하였고 스승인
홍인弘忍으로부터 『능가경』을 통해 얻은 바가 많다고 칭찬 받은
것에 의거하면 그의 선법은 마땅히 후자와 같은 것이었다고 보아야
하지 않을까 하는 것이다. 따라서 이 '주심간정住心看淨'은 '주간심
정住看心淨'이 되어야 바르다. 『단경』이나 신회가 비판하는 점법은
돈법에는 이를 수 없고 성취할 수도 없는 것이나 이 사구의 선법은
그렇지만은 않은 것이다. 단순한 간심看心이 아니라 마음이 본래

청정한 성품인 것을 본다는 대승의 심의深義와 지혜문이 전제되어 있고, 섭심攝心으로 내증內證한 그 내용이 곧 심해탈心解脫로 이어지는 것이기 때문이다. 이 점에 대해서는 바로 뒤이어『남천축보리달마선사관문南天竺菩提達摩禪師觀門』을 해설하는 가운데 자세히 논하고자 한다.

이와 같이 신수가 능가선을 수행한 능가사楞伽師였다면 점법으로 비판받기 쉬운 위의 사구四句 선법이 어떻게 그의 선법으로 알려지게 되었을까. 또한 신수를 비롯한 북종계北宗系의 강요서인『대승무생방편문大乘無生方便門』에는 처음 귀의계歸依戒 때의 법문과 여러 기본적인 방편의 관법을 비롯하여 순차적으로 대승경전의 심의深義에 의한 선법을 개시開示하고 있어 위의 사구 선법만이 아니라 그 안에는 혜능과 신회의 돈법에 상통하는 내용이 있다. 당唐 현종玄宗 때의 승려 청화淸畫가 지은『능수이조찬能秀二祖讚』에

이공(二公; 신수와 혜능)의 심심은 월月과 일日이 사방에 구름 한 점 없는 가운데 그 허공에 출出한 것과 같다. 삼승三乘이 동궤(同軌: 같은 길, 같은 法度)이고, 만법이 하나이니 남북의 분종分宗이란 역시 잘못된 말이다.[40]

---

40 「二公之心如月如日, 四方無雲, 當空而出, 三乘同軌, 萬法斯一, 南北分宗, 亦言之失.」『全唐文』권917, p.12059.(臺灣大通書局)

고 하였다. 청화淸畫는 『송고승전』을 비롯한 여러 사전史傳에 입전立傳되어 있지 않으나 『당대통화상법문의찬唐大通和尙法門義讚』에서[41] 신수神秀를 '나의 스승[吾師]'이라 하고 있어 신수의 직계 제자로 보아야 할 것이다. 후대 여러 사전史傳이 거의 모두 남종 계통에서 나온 것이라 북종계北宗系인 청화淸畫는 입전立傳되지 않은 것으로 보인다. 『전당문全唐文』은 간략히 그의 전기를 기술하고 있는데, 그는 속성俗性이 사씨謝氏로 남북조 유송劉宋시대 사령운謝靈運의 십세손十世孫이며 시詩에 이름이 높아 자사刺史 안진경顏眞卿 및 여러 명사와 어울려 시문詩文을 서로 화답和答하였다고 한다.[42] 그가 시문에 능하였기 때문에 북종을 대표하여 그 계통의 인사에 대한 찬문讚文이나 비문碑文을 짓게 된 것으로 보이는데, 그의 글에서 당시 신회로부터 전개된 남북분종南北分宗의 사태에 대한 북종 인사들의 입장을 엿볼 수 있다. 즉 그들은 혜능과 신수 이조二祖를 함께 현창하고 있어 신수를 폄하하던 남종과는 뚜렷이 대비되며, 또한 남북분종南北分宗이라는 말 자체가 실언失言이라 하고 있다. 북종의 입장에서 보면 『단경』이나 신회의 어록에서 주창하는 돈법도 사실 신수의 선법과 상통되는 것으로 여기고 있었다는 것이다.

---

41 『全唐文』 권917, p.12059.

42 「字皎然, 俗姓謝氏. 宋昊運十世孫. 住吳興興國寺. 有詩名, 與刺史顏眞卿諸名士酬唱, 預撰韻海鏡源, 貞元中勅寫其文集入秘閣.」 『全唐文』 권917, p.12059.

반면 신회의 입장에서는 북종의 점법이란 인정될 수 없는 것이었다. 신회가 북종을 점법으로 한정지으면서 돈법과의 차이를 뚜렷이 제시한 내용이 많은데 그 가운데 징선사澄禪師와의 다음 대화를 살펴보자.43

신회神會가 징선사澄禪師에게 물었다.
"어떠한 법을 닦아 견성할 수 있습니까?"
징선사가 답하였다.
"먼저 모름지기 좌坐하여 정정定을 닦는 것을 배워야 하고, 정정定을 얻은 이후에는 정정定으로 인하여 혜慧가 발하며, 지혜로 인하여 곧 견성할 수 있습니다."
신회가 물었다.
"정정定을 닦을 때에 어찌 모름지기 작의作意함을 요하지 않겠습니까?"
징선사가 답하였다.
"(作意함을) 요합니다."
(신회가 물었다.)
"이미 작의作意함이 있다면 곧 이는 식정識定인데 견성할 수 있겠습니까?"
(징선사가) 답하였다.

---

43 앞의 『神會和尙禪話錄』에 실린 『南陽和尙問答雜徵義』, pp.71-72.

"지금 말하는 견성이란 반드시 정定을 닦아야 하며, 정을 닦지 않고 어떻게 견성할 수 있겠습니까?"
(신회가) 물었다.
"지금 정定을 닦는다 한 것은 본래 망심妄心인데 망심이 정을 닦아서 어떻게 정을 얻을 수 있겠습니까?"
(징선사가) 답하였다.
"지금 정定을 닦아 정을 얻는다 한 것은 스스로 내외內外를 비추고, 내외를 비추는 까닭에 청정함을 얻을 수 있으며, 마음이 청정하게 되는 까닭에 곧 이것이 견성이라는 것입니다."
(신회가) 말하였다.
"지금 견성이라 하는 것은 그 본성이 내외內外가 없는 것인데 만약 내외를 비추어보는 것으로 인하여 정定을 얻게 되는 것이라 한다면 이는 원래 망심妄心을 보는 것이 되는데 견성이 될까요? 경에서 이르길, '만약 여러 삼매를 수학한다면 이는 동動이어서 좌선이 아니나니 마음이 경계에 따라서 흐르는데 어찌 정定이라 이름하겠는가?'라 하였습니다. 만약 이러한 정定이 옳은 것이라면, 유마힐이 사리불의 연좌행宴坐行을 응당 꾸짖지 않았을 것입니다."

점법을 말하고 있는 징선사는 점차로 정定이 닦아지는 가운데 청정이 이루어지는 까닭에 혜慧가 발하여 견성할 수 있게 된다 하고, 이에 대해 신회는 혜慧나 견성의 리理에 어긋나는 심행心行으

로 어떻게 혜慧나 견성을 얻을 수 있겠는가라고 하였다. 그는 또 위의 사구四句에 의거한 선법을 비판하길,

> 이는 보리菩提를 장애하고, 보리와 아직 상응하지 못하였거늘 어찌 해탈할 수 있겠는가?[44]

라 하고 있다. 점법으로서는 궁극의 깨달음, 즉 불지佛地에 이를 수 없다는 것은 『단경』에서도 다음과 같이 설한 바 있다.

> 자성自性이 본래 청정함을 보지 못하고, 마음을 일으켜 청정을 간看하는 것은 오히려 청정이라는 망妄을 생기게 한다.[45]
> (마음을 일으켜 淨한다는 것은) 정淨이 형상 없는 것인데 오히려 정의 상相을 세우는 짓이다.[46]

또 오조 홍인弘忍이 신수가 지은 게송에 대해 이르길, "범부가 이 게송에 의해 수행한다면 타락하지는 않을 것이나 이 견해를 지어 무상보리無上菩提를 얻고자 하면 얻을 수 없다"고 한 것도[47]

---

44 앞에 든 『南陽和尚問答雜徵義』. 앞의 책, 81-2쪽.

45 「不見自性本淨, 起心看淨, 却生妄淨.」 『敦煌寫本壇經原本』(周紹良 編著, 北京, 文物出版社, 1997), p.123.

46 위와 같음.

47 「凡夫依此偈修行, 卽不墮落. 作此見害, 若覓無上菩提, 卽不可得.」 앞의 『敦

같은 뜻이다. 앞에서 설명하였거니와 마음을 어떻게 하고자 하면, 즉 작의作意함이 있게 되면 이미 최상승선이 아니고 능가선이 아니다. 그런데 마음을 어떻게 하여 맑게 하고자 하고, 가지런히 하고, 무엇을 구하고 얻고자 한다면 이는 마음의 본성에 어긋나는 행이다. 돈황본 『단경』에

> 일체의 사물(경계)을 (억지로) 생각하지 않으려 하고, 생각을 끊도록 해야 하는 것이 마땅하다고 생각한다면 곧 이것이 법박(法縛 : 法相에 묶임)이며 곧 변견(邊見 : 한쪽에 치우친 견해)이라고 이름하는 것이다.

고 함도 같은 뜻이다. 마음의 본성에 어긋나는 행에 의해서 마음의 본성에 이를 수 없다. 즉 인因이 과果에 다르게 되어 그 인행因行이 묘각妙覺의 과果를 얻을 수 없다. 볍씨로 사과 열매를 얻을 수 없는 것과 같다.

그런데 전술한 바와 같이 혜능도 일찍이 이르길, 그의 선대先代 조사 이래로 돈법과 점법을 함께 지녀왔다고 한 것이나, 혜능 이전의 조사 어록에도 돈점을 함께 개시開示하고 있는 사례들을 어떻게 이해해야 할까. 물론 『단경』이나 신회로서도 초심자나 근기가 미약한 이들에게 방편의 기본적인 점법을 권하는 것까지 비판하지는

『煌寫本壇經原本』, p.115.

않았을 것으로 생각한다. 문제는 초심자나 근기가 미약한 이들에 대한 방편 시설의 법에 대한 문제가 아니라 대승법을 지닐 수 있는 이들이 점법으로 나아감에 따라 궁극의 깨달음이 열리는가, 불가不可한가의 문제이다.

이 문제와 관련하여 초기(6조 이전) 선종 내지는 북종의 선법서 가운데 하나인 『남천축보리달마선사관문南天竺國菩提達摩禪師觀門』(이하 『觀門』)이[48] 좋은 시사점을 제공해준다. 본 『관문觀門』은

> 초학시初學時에는 처음부터 끝까지 7종의 관문이 있으니, 제일第一은 주심문住心門, 제이第二는 공심문空心門, 제삼第三은 심무상문心無相門, 제사第四는 심해탈문心解脫門, 제오第五는 선정문禪定門, 제육第六은 진묘문眞妙門, 제칠第七은 지혜문智慧門이다.

---

[48] 『南天竺國菩提達摩禪師觀門』의 저자는 不明이나, 弘忍의 제자 가운데 念佛禪을 주장한 일파의 저작일 것으로 보는 견해가 있다.(田中良昭, 『禪學硏究入門』, 東京, 大東出版社, 1994. p.64) 물론 이 견해도 분명치는 않지만 글로 작성되어 유포된 것은 이 즈음이라 하더라도 그 所傳의 유래는 보다 윗대의 조사에게서 구해야 하지 않을까 한다. 즉 이미 이러한 선법이 윗대로부터 행해져 온 바가 있었다고 보지 않으면 안 된다. 한편 본 『觀門』의 5종의 필사본은 『敦煌禪宗文獻集成(上)』(北京, 中華全國圖書館文獻縮微復制中心, 1998), pp.438-454에 실려 있고, 일본에서 이루어진 對照 校訂 작업의 성과물과 주요 연구에 대해서는 위의 『禪學硏究入門』, p.64에 소개되어 있다. 이 글에서는 『대정장』 권제85에 수록된 원문을 저본으로 하였다.

고 하여 초학시初學時에 거치게 되는 7단계의 법을 개시開示하고 있다.

제일第一 주심문住心門은 오로지 섭념攝念하여 염念을 주住하게 해서 다시는 움직이지 않도록 하는 행[專攝念住 更無去動]이다. 이 법은 앞에 인용한 신수의 사구四句의 선법에 들어간다고 볼 수 있다.

다음 제이第二 공심문空心門은 "간심看心을 이어 나가 마음이 공적空寂하여 거去함도 없고 래來함도 없으며, 머무는 곳도 없고, 의지할 바의 마음도 없는 것임을 깨닫는다[看心轉追 覺心空寂 無去無來 無有住處 無所依心]"는 행이다. 이 또한 앞의 사구의 선법 가운데 "마음의 성품이 본래 청정함을 간看한다"고 함과 상통한다. 즉 대승의 심의深義이며, 『능가경』의 요지인 "마음의 성품이 본래 청정하다"는 지혜법문이 전제되어 있다. 단순한 외도의 간심看心이 아닌 것이다. 또한 사구 선법의 '섭심내증攝心內證'에서의 섭심이 여기서는 '간심'하는 것이라면 내증內證은 무엇일까. 바로 본『관문觀門』에서 개시開示하고 있는 '마음이 공적空寂한 것임을 각覺함'이고, '마음이 거래去來함 없고, 머무르는 곳도 없으며, 의지할 바도 없는 것임을 각覺함'이다. 즉 '간심'이라고 해서 신회가 비판하는 바와 같이 정정定으로 정定을 이루려는 행은 아니다. 이미 교법에서 신해信解한 "마음이 본래 공적空寂하여 거래去來가 없고, 머무름도 없으며, 의지할 바도 없음"을 간심에서 확인하고 뚜렷이 하는 것이다. 뚜렷하여 흔들림 없으면 정定이고 마음이 곧 그러함을 요지함은 혜慧이니 정혜쌍수定慧雙修가 이미 이루어지고 있다. 앞의 주심문은 외도나 성문승이나 공통의 행으로 교법을 모른 상태에서도 행할 수 있다. 그러나 본 공심문에서는 이미 불교의 지혜법문이 전제되어 있는 것이다. 또한 전술한 바와 같이 "마음이 본래 공적하고 거래가 없으며 머무는 바도 없고, 의지할 바도 없음"은 돈법頓法의 바탕이 되는 것이다.

제삼第三 심무상문心無相門은 심心이 청정해져 모습이 없게 됨에 비청非靑·비황非黃·비적非赤·비백非白하고, 비장非長·비단非短·비대非大·비소非少하며, 비방非方·비원非圓하여 고요하고 흔들림 없음이다. 앞의 공심문에서의 간심看心 진전으로 마음의 본래 성품이 내증內證됨에 따라 이와 같이 심무상心無相의 경지가 드러나게 된다. 이 단계에서도 마음을 일으켜 선정을 이루려 한다거나 무상無相을 취하려 하는 행이 아니다. 심心이 고요히 흔들림 없는 경지이니 이미 선정이 이루어진 것이고, 이 선정은 선정의 행으로써 선정을 얻게 된 것이 아니다. 즉 신회가 비판하는 내용하고는 전혀 다른 것이다.

제사第四 심해탈문心解脫門은 "심心이 (본래) 묶임이 없는 것임을 알아 일체의 번뇌가 마음에 들어오지 못하는 것[知心無繫無縛 一切煩惱不來上心]"이다. 이 단계에서는 요지(了知 : 깨달아 알게 됨), 즉 오悟가 수반되고 전제되어 있다. 마음이 본래 묶임이 없음을 요지한다는 것이니 이는 앞의 제삼 심무상문에서 마음이 고요하여 흔들림 없음이 이어진 결과라 할 수 있다. 즉 선정이 이루어지니 혜慧 또한 밝아짐이다. 그렇다고 해서 이 선법이 꼭 선정을 우선으로 함은 아니다. 앞 단계에서 이미 혜가 전제가 되며 또한 수반되고 있기 때문이다. 이 심해탈문에서도 마찬가지로 마음을 어디에 묶이지 않게 하려고 하는 행이 아니라 마음이 본래 어디에도 묶임이 없는 것임을 깨달아 알고 있을 뿐인 행이다. 그러함을 여실히 알고 있는 까닭에, 즉 지혜의 빛이 밝은 까닭에 무명無明이 힘을 잃어 마음에 일체의 번뇌가 들어오지 못한다. 그래서 심해탈心解脫이다. 이 단계의 법은 이미 돈법頓法에 그대로 상통한다. 그리고 그 혜慧는 전술한 『능가경』을 비롯한 여러 대승경론 및 선사들의 어록에 개시開示된 심의深義와 이미 상통하는 것임을 알 수 있다.

제오第五 선정문禪定門은 "심心이 적정함을 각지(覺知 ; 了知, 覺智)하여 행주좌와 어느 때나 모두 고요하여 흔들림이 없는 것[覺心寂靜 行時住時坐時臥時皆悉寂靜 無有散動 故名寂靜]"이다. 이 선정도 마음을 어느 면으로 비추거나 향하여 얻어진 선정이 아니라 마음이 본래 적정(寂靜 : 고요함)한 것임을 깨달아 알고 있다 함이니 『단경』에서 말하는 바와 같이 마음을 일으키지 않도록 함[不起心]이 아니라 마음이 본래 일어나지 않는 것임을[心不起] 아는 행과 같다. 또한 이 법은 신회에 의해 비판된, '마음으로 내외를 비추어 선정을 얻는다는 법' 하고는 이미 차원이 다르다. 즉 이 선정에는 이미 앞의 제사

심해탈문까지 성취한 지혜가 전제되어 상응하고 있는 자리에서의 선정이다. 마음을 억지로 고정시켜서 얻어진 선정(지혜 없는 선정)하고는 근본적으로 다르다. 따라서 징선사는 달마 이래의 정통선법을 행하고 있지 못한 이였다고 할 수 있다.

제육第六 진여문眞如門이란 "심心이 무심하여 허공과 같고, 법계에 두루하여 평등 불이하고, 변함이 없는 것임을 깨달아 아는 것[覺心無心 等同虛空 遍周法界 平等不二 無千無變]"이다. 이 단계도 마음을 어디로 향하고 관함이 없다. 즉 심心이 그대로 무심無心이니 곧 절관絶觀이다. 심이 곧 무심無心이라고 요지한 각지覺智가 구현되는 무위無爲의 위位이다. 돈법의 의義와 다를 바가 없다.

제칠第七 지혜문智慧門에 대해서는 "일체를 요지한지라 이를 이름하여 지智라 하고, 공의 근원에 계합契合 통달한지라 이를 이름하여 혜惠라 하고, 까닭에 지혜문이라 하며, 또한 구경도究竟道라 하고, 또한 대승무상선관문大乘無相禪觀門이라고 하니 이것이 곧 선을 닦는 것이다"고[49] 하였다. 이 지혜문은 일체를 요지하고, 공空의 근원에 계합契合 통달한 위位이다. 즉 진여의 공용功用과 이미 함께 하게 된 위位이다.

이상의 선법을 '7종관문'이라 이름하였으나 그 내용으로 보건대 이미 제삼 심무상문 내지는 제사 심해탈문으로부터는 이미 마음을

---

[49] 「識了一切, 名之爲智. 契達空源, 名之爲惠, 故名智慧門, 亦名究竟道, 亦名大乘無相禪觀門. 則是修禪.」

일으켜 관행하는 행이 아니다. 돈법에서 말하는 무작의無作意, 무수지수無修之修의 행이 이미 이 네 번째 단계에서부터 이루어지고 있다. 앞의 두 단계는 마음을 집중하거나 간심看心하는 심행心行이 있기 때문에 당연히 사구四句의 선법 일부에 들어간다 하겠으나 제이 공심문도 이미 대승의 심의深義, 지혜의 법이 전제되어 있다. 사구의 선법에서도 '내증內證'의 뜻을 밝힌다면 여기에도 혜慧가 들어 있다고 보아야 한다. 사구에서 말하는 간심이나 섭심攝心도 제이의 공심문과 같이 대승의 심의를 전제로 하여 이에 상응하는 행일 가능성이 있다. 그런데 사구 선법은 너무 간략히 기술되어 단순한 간심이나 섭심으로 오해받기 쉽다.

이 7 단계의 선법에서는 앞 단계의 행이 익어지고 성취되면서 자연스럽게 다음 단계로 진전된다는 것으로 되어 있다. 물론 사람에 따라서 앞의 몇 단계를 거치지 아니하고 네 번째나 여섯 번째 혹은 일곱 번째의 법으로 바로 들어갈 수 있다. 그러나 대부분은 일단 마음을 안정시키고, 간심하는 행을 통해 그 심心의 성性을 관찰하여 내증하는 단계를 필요로 하게 된다. 전술한 바와 같이 '섭심내증攝心內證'에서 이루어진 내증을 통해 심성이 본래 무상無相이고 걸림 없이 자재自在하는 것임을 요지한 까닭에 곧 무작의無作意의 돈법頓法을 구현할 수 있게 되는 것이다. 신수를 비롯한 그 일문一門의 선법인 『대승무생방편문大乘無生方便門』에서 첫 번째로 개시開示된 법도 허공을 관하도록 하여 이를 자심自心의 성性으로 내증內證하게 하는 것이고, 이어 대승경론에 의한 지혜문이 개시되어 있는 것도 모두 점법을 통한 돈법에로의 진전으로 연결되고 있는 체제이다. 또 장설張說이 지은 『당옥천사대통선사비명唐玉泉寺大通禪師碑銘』에는 대통신수大通神秀의 선법을 약술하길, "그 개시開示한 선법의 대략을 말한다면 혜념慧念으로써 상념을 멸하고, 힘을 다하여 섭심한다"고50 하였다. 이 또한 사구의 선법에 해당하나 여기에서도 분명히 혜념으로써의 심행心行이 전제되어 있다. 즉 혜념으로써 상想의 멸滅이 이루어진다는 것이어서 칠종관문七種觀門의 앞 단계와 상통한다. 장설에 의하면 신수神秀는 칠종관문의 앞부분을 주로 사용하여 행화行化한 것으로 보아야 할 것이다. 요컨대 이러한 사실로 그의 선법의 뿌리나 위상位相을 모두 점법으로만 보아서는 안 된다. 또한 그 점법이 바로 돈법으로 직결될 수 있는 것으로 보아야 한다.

요컨대 사구의 선법이나 『관문』의 선법은 『단경』이나 신회가 도에 장애가 되고 성취할 수 없다고 비판한 선법하고는 다르다는 것이다. 사구의 선법이나 『관문』의 선법은 『단경』에서 비판하고 있는 "일체의 사물(경계)을 (억지로) 생각하지 않으려 하고, 생각을 끊도록 하는 행"에 해당되지 않는다. 『관문』과 징선사의 선법도 크게 다르다. 앞에 인용한 징선사와 신회의 대화에서 징선사가

---

50 「爾其開法大略則, 慧念以息想, 極力以攝心.」 『全唐文』 권231.

"지금 선정을 닦아 선정을 얻는다 한 것은 스스로 내외內外를 비추고, 내외를 비추는 까닭에 청정함을 얻을 수 있으며, 마음이 청정하게 되는 까닭에 곧 이것이 견성이라는 것입니다"고 한 것은 위의 7종관문과 어떻게 관련되는 것일까. 내외를 비추는 행은 일단 간심看心행에 들어가는데 7단계 중 제일 주심문住心門하고는 다르고, 제이 공심문空心門인 "간심을 이어나가 마음이 공적하여 거去함도 없고 래來함도 없으며 머무는 곳도 없고, 의지할 바의 마음도 없는 것임을 각覺하는 것"과는 간심看心이라는 점에서는 같으나 그 내용이 전혀 다르다. 왜냐하면 징선사의 선법은 마음으로 마음의 내외를 비추어 보는 행이지만, 이 공심문에서는 간심看心하되 그 심心이 본래 공적空寂하여 거去함도 래來함도, 머무름도, 의지할 바의 마음도 없는 것임을 각覺하도록 나아가는 것이기 때문이다. 즉 이 공심문에서는 대승경론이나 스승의 가르침에 의한 이입理入이 수반되어 행해지는 간심이다. 그냥 단순히 마음의 내외만 비추어보고 있는 징선사의 행법하고는 분명히 구분된다.

첫 번째 단계인 주심문을 제외하면 모두 지혜가 수반되어 있다. 만약 불법의 리(理 ; 지혜)가 수반되어 있지 않는 심행心行이라면 외도의 행과 다를 바가 없는 것이다. 초기 불교에서의 근본 수행법도 제자들이 부처님의 설법을 듣고 그 들은 내용을 자심自心에서 관찰하여 명확히 하고 입증하는 것이었다. 단지 맨 처음 초심자가 산란심을 제어하기 위해 행하는 주심문 같은 행법들은 외도와 공통이다.

요컨대 신회가 비판한 것은 어디까지나 그러한 징선사의 선법을 비판한 것이다. 그리고 그 비판은 전술한 바와 같이 옳다고 본다. 그러나 신회는 징선사의 선법이 북종을 대표하는 선법인 것처럼 매도하였다.

또한 사구 선법이 단순한 간심看心이나 섭심攝心이 아니고 대승의 심의深義를 전제로 하고 상응하는 것이라는 점에서 징선사의 선법하고는 엄밀히 구분되는 것이다. 사구의 선법에서 첫 구인 응심凝心의 행을 제외하면(이 부분은 『관문』의 第一 住心門에 해당한다) 분명히 '마음의 성품이 본래 청정함을 본다'는 지혜로써 간심하고 섭심함으로써 내증內證하는 행이니 사실 『관문』의 선법에 상통하는 것이며, 따라서 돈법으로 나아갈 수 있는 행이다. 사실 이미 '마음이 본래 청정함을 알고'가 전제된 행법은 돈법에 상통해 있는 것이다. 그 뜻은 이미 앞에서 충분히 설명하였다. 즉 사구의 선법은 점법의 방편문만이 쉽게 드러나기 쉬우나 이미 돈법의 뜻을 갖추고 있음을 알아야 할 것이다.

신수神秀의 수제자인 대조보적大照普寂의 행적이나 설법에서는 『단경』의 내용과 같은 돈법이 개시開示되고 있다. 이를테면

혹은 찰나 사이에 곧바로 깨닫고, 혹은 세월이 지나며 점차 증證하여 불체佛體를 온전히 밝힌다. 법신을 바로 가리키는 법문을 전해 듣고 자연히 깨닫기도 하며, 한 방울 한 방울 떨어지는 물방울이

그릇을 가득 채우게 되고, 서리 내릴 때가 되면 굳은 얼음 얼게 될 때가 곧 이르게 되기도 하나니, 까닭에 능히 방편문을 열고, 곧바로 실상實相을 개시開示하며, 깊고 확고한 법장法藏에 들고, 청정인淸淨因을 깨닫는다.

물들지 않음[不染]이 해탈의 인因이며, 취하고자 함이 없음[無取]이 열반에 합치함이다.(「대조선사탑명大照禪師塔銘」, 『전당문』 권262)

또한 점법을 통해서 돈법의 의미가 뚜렷이 부각된다. 3승과 2승의 전제를 통해서 1승의 의미가 뚜렷이 부각되는 것과 같다. 또한 점법을 전혀 거치지 아니하고 돈법에 직입直入할 수 있는 이가 얼마나 있을 것인가. 혜능의 돈법 강조는 잘못된 점법에만 매어 있거나 오직 그 길만이 당연한 것으로 알고 있던 이들을 간곡히 일깨우고자 한 것이었다고 할 수 있다. 여기서 말한 잘못된 점법이란 징선사의 선법과 같은 점법을 말한다.

아울러 혜능의 돈법 또한 선성先聖으로부터 전해진 것을 이어받은 것이지 종래와는 다른 무슨 특별난 선법이 새로 창도된 것은 아니었다. 돈황본 『단경』에

혜능이 이 지역에 와서 여러 관료와 도속들과 함께 어울리게 된 것 또한 누겁(累劫: 수많은 겁의 세월이 쌓임)의 인연이 있어서이

다. (나의) 교敎는 선성先聖께서 전한 것이고, 혜능이 스스로 알게 된 것이 아니다.

라 하였다. 혜능도 자신의 가르침이 이전 선성先聖으로부터 전해진 것이지 자신이 새로 알게 된 것이 아님을 말하고 있다. 그런데 후대의 남종이나 근래의 학자들은 이러한 뜻이 무시되거나 이해되지 못하여 혜능으로부터 조사선이라는 이전과는 다른 무슨 특별한 선법이 창도되었다는 식으로 이해하는 경향이 많았다. 또한 혜능이나 그 이전의 조사들이 점법을 종종 말하였던 사실과 그 의미를 도외시하였다. 신회神會는 "우리의 육대대사(六代大師; 六祖慧能)께서는 언제나 항상 이르시길, 단도직입單刀直入, 직료견성(直了見性: 바로 깨달아 마음의 성품을 보라)하라 하셨고, 점차를 말씀하지 않으셨다"[51]고 하였다. 신회의 이러한 돈법 일변도의 주창은 나름대로 중요한 뜻이 있다. 점법을 거치더라도 궁극에는 돈법의 길을 타야 하는데 앞에 든 징선사澄禪師의 경우와 같이 돈법으로 진전되게 하는 점법이 아니라 혜행慧行과 이입理入이 없는 잘못된 길에만 빠져 안주하다 보면 대승의 정로正路에 들지 못하게 된다.

---

51 앞의 「菩提達摩南宗定是非論」, p.30.

제10장 여래선如來禪과 조사선祖師禪

『능가경』에 설해진 사종선四種禪은 선법의 점차와 각 위상位相을 명료하게 판별할 수 있도록 한 중요한 내용인 까닭에 고래古來로 선법에 대한 연구에서 자주 언급되어 왔다. 그러나 『능가경』의 사종선 가운데 세 번째 반연진여선攀緣眞如禪과 네 번째 여래선如來禪에 대한 이해는 잘못되거나 미진한 바가 있다. 특히 여기서 말하는 여래선과 후대에 유행하게 된 조사선과의 관계에 대해 지금까지 많은 논란이 있어 왔기 때문에 일단 사종선을 올바로 이해하는 것이 선결과제이다.

사종선에 대해 『능가경』(7권본) 권제3 집일체법품에 다음과 같이 설해져 있다.

또한 대혜여! 네 가지 선이 있나니, 어떠한 것들인가. 그것은 우부소행선愚夫所行禪·관찰의선觀察義禪·반연진여선攀緣眞如禪·제여래선諸如來禪이니라.

대혜여! 무엇을 우부소행선愚夫所行禪이라 하는가. 성문·연각의 제수행자가 인무아(人無我;無我)를 알며, 자타自他의 몸이 뼈로 연결되어 있음을 보고, 이것들은 모두 무상하고 고苦이며, 부정不淨한 상이라고 관찰하기를 굳게 지키고 놓지 않으면, 차츰 진전하여 무상멸정無想滅定에 이르나니, 이를 우부소행선이라 하느니라.

무엇을 관찰의선觀察義禪이라 하는가. 자상自相·공상共相·타상他相이 무아無我임을 알고, 또한 외도가 설하는 자타自他가 함께 작作한 것이라는 견해에서도 떠나, 법무아法無我와 수증修證의 여러 단계의 모습과 뜻을 잘 따라 관찰하는 것을 관찰의선이라 하느니라.

무엇이 반연진여선攀緣眞如禪인가. 무아無我에 둘〔法無我·人無我〕이 있다고 분별하면, 이것도 허망한 생각이니, 이렇게 여실히 알아 그러한 생각도 일어나지 않음을 반연진여선이라 하느니라.

무엇을 제여래선諸如來禪이라 하는가. 불지佛地에 들어가 자증성지自證聖智의 세 가지 락樂에 머물러 모든 중생을 위해 부사의사不思議事를 하는 것을 말하여 제여래선이라 하느니라.

이 4종선은 크게 성문·연각(우부소행선)-보살승(관찰의선과 반연진여선)-여래의 행화(여래선)의 세 가지 단계로 다시 구분될 수 있다. '우부소행선'은 성문과 연각이 무아無我를 알아 무상멸정無想滅定을 성취하는 것이라 하였으니 아직 법무아法無我는 요지了知하지 못한 위位이다. 그러나 '관찰의선'은 법무아를 요지한 것이 전제되어 있다.『능가경』에서 '자상自相'이란 공상(共相 ; 공통한 相)의 대어對語로서 일체법 하나하나의 개별상을 뜻한다. 이에 대해 '공상'은 일체법이 무상無常·고苦·공空·부정不淨·무상無相이라 할 때 이 법들이 곧 일체법의 공상이다. 또는 소나무·느티나무 등 개별 나무가 자상이라면 '나무'나 '식물'은 그 공상이 된다. 중생의 분별은 항상 이러한 자상自相과 공상共相의 분별로 행해진다. 우부소행선이 아직 무상·고·공·부정·무상 등의 법상法相을 취하고 있다면 관찰의선은 이들 법상도 무아(無我 ; 法無我)이기에 얻을 바 없고 취할 바 없다는 의義를 관찰하는 선이다. 여러 경론에서 법무아를 요지하여 닦아 가는 위位는 보살위이다. 따라서 관찰의선에서부터 보살위의 행이라 할 수 있으나 원돈圓頓의 위가 아니고 편교(偏敎 : 치우친 敎)의 보살이라 할 것이다. 다음으로 '반연진여선'이란 법무아라고 보는 것에서도 떠나 일체의 분별상이 일어나지 않음이라 하였는데 이를 반연진여선(진여에 所緣되는 선)이라 함은 진여眞如가 무상無相인지라 일체의 분별상을 떠난 무상인 자리가 곧 진여에 계합된 자리인 까닭이다. 안정광제安井廣濟가 범본梵本을 일역日譯한『입능가경入楞伽經』에는52 이 부분이 변계소집(遍計所執 : 無始 이래 분별 집착해 온 습관의 힘으로 대상을 인식한다는 것)된 이무아二無我의 분별이 있지만 그대로 진실에 머무름에 의해 분별이 일어나지 않는 때, 진여를 소연所緣으로 하는 (禪定이다)고, 나는 말한다.

이다. '이무아의 분별이 있으나 그대로 진실에 머무름'이란, 그 무아無我의 법 또한 무아임을 아는지라 분별이 일어나지 않음을 말한다. 즉 '진실'이란 일체법이 무아無我이니 그 무아라는 법 또한 무아임을 말한다. 그 진실에 머무름이란, 변계소집遍計所執된 이무아二無我를 버리려 하거나 떠나려 함도 없음을 말한다. 본래 무아無我인데 떠나거나 버려야 할 대상이 어디에 따로 있겠는가. 이는 『단경』에서 일체법에서 취하려 함도, 버리려 함도 없음이 곧 무념無念이라고 함과 같다. 또한 분별을 하지 않으려는 것이 아니라 그러한 진실의 의義를 요지한 까닭에 분별이 일어나지 않는 것이다. 그와 같이 분별을 떠나 있으니 곧 진여眞如에 소연(所緣 ; 攀緣)된 선이라 한 것이다. 앞의 관찰의선이 얻을 바 없고 취할 바 없다는 뜻을 관찰함이 있는 행이라면 반연진여선에서는 어떠한 법상을 관찰함도 떠나 있다. 즉 절관絶觀의 위位이다. 반연진여선을 얼핏 진여眞如라는 일상一相을 대상으로 취하고 있는 것으로 오해하기 쉽다. 그렇게 행한다면 일체법이 무아無我인 까닭에 대상으로 볼 어떠한 것도

---

52 安井廣濟 譯, 『梵文和譯 入楞伽經』, p.87(京都, 法藏館, 1978)

없다는 리理에 어긋나는 것이고, 무상無相이며 대상이 될 수 없다는 진여의 의義에 어긋난다. 그래서 진여眞如에 반연攀緣함이란 진여라는 상을 관함이 아니고, 진여의 그러한 의義에 계합契合됨을 말한다. 즉 진여의 그러한 의가 여실히 행해짐이다. 만약 이렇게 이해하지 않는다면 이 반연진여선과 앞의 관찰의선이 구분되지 않게 되어버린다. 여기에서 '이무아二無我의 분별이 있지만'이라고 한 것은 곧 분별에서 분별을 떠남을 말한다. 즉 분별을 억지로 하지 않으려 함이 아니다. 앞에 인용한 『대승입능가경』게송품에 설한 바와 같이 아我·법法 이집二執을 끊는 데는 억지로 분별을 일으키지 않으려 해서 되는 것이 아니고, 유심唯心이며 일심一心임을 요지了知하여 각지覺智가 생겨야 한다. 유심이고 일심인지라 분별한 자와 분별할 대상이 따로 있지 아니하여 본래 분별이 무생無生임을 요지함에 사(事 ; 현실)도 이에 응하여 분별이 일어나지 않게 되는 것이다. 그래서 '이무아二無我의 분별이 있지만' 이미 각지覺智가 생긴 까닭에 분별에서 분별을 떠나는 '진실에 머무름'이 된다. 따라서 이러한 선법은 곧 앞에서 자세히 설명한 초기 선종의 돈법과 같다.

다음으로 '여래선'은 이미 불지佛地에 들어간 후에 자증성지自證聖智의 락樂에 머물러 중생을 위해 부사의사不思議事를 행함이다. 즉 인위(因位 ; 보살위)에서의 행이 아니라 과위果位에서의 행이다. 그렇다면 그 중생을 위한 부사의사란 무엇인가. 그 내용은 『대승입능가경』권제3 집일체법품의 다음 법문에서 알 수 있다.

또한 대혜여! 제불諸佛에게는 두 가지 가지(加持 ; 加被)로 모든 보살을 가지加持하여 부처님의 발에 정례頂禮하고 여러 뜻을 듣게 하나니라. 두 가지가 무엇인가 하면, 삼매에 들게 하며, 그 보살의 앞에 몸을 나타내어 손으로 관정灌頂하는 것이니라. 대혜여! 초지보살初地菩薩마하살이 제불諸佛의 가지력加持力을 입은 까닭에 보살대승광명정菩薩大乘光明定에 들고, 들고나면 시방제불十方諸佛이 그 앞에 두루 나타나시어 몸과 말로 가지하시나니, … (중략) … 또한 대혜여! 제보살마하살은 삼매에 들어 신통을 나타내어 설법을 하나니, 이와 같은 모든 일은 모두 제불의 두 가지 가지력加持力에 말미암은 것이니라. … (중략) …

대혜보살마하살이 다시 부처님께 여쭈었다.

"무슨 까닭에 여래께서 그 가지력으로 모든 보살로 하여금 삼매에 들게 하고 수승한 보살지(菩薩地 ; 菩薩第十地)에 이른 보살에게 손으로 관정하시나이까."

부처님께서 말씀하셨다.

"대혜여! 만약 이렇게 하지 않으면 저 보살들은 곧 외도와 성문, 마경魔境 가운데 떨어져 무상보리(無上菩提 : 위없는 깨달음)를 이룰 수 없나니, 이 때문에 여래는 가지력으로 모든 보살을 거두어주시느니라."

이 법문은 여래께서 중생을 위해 행하는 부사의사不思議事의 일단이다. 일체 보살이 정법의 행에서 진전하고 성취할 수 있도록 하며, 삼매에 들게 하고 신통을 나타내어 설법하게 가지加持하신다. 이러한 여래의 가지력加持力이 없다면 보살은 외도나 성문 및 마경魔境에 떨어지고 만다. 이러한 행이 여래선如來禪이다. 따라서 아직 불지佛地에 이르지 못한 인위因位에서 아무리 최상의 선법이라 하더라도 이보다 더 뛰어난 선법이 있을 수 없다.

그런데 후대에 '여래선' 용어와 관련하여 두 가지 새로운 경향이 나오게 되어 혼란을 초래하게 되었다. 하나는 위와 같은 『능가경』의 여래선 정의와 다르게 달마대사 이래의 돈법을 여래선 혹은 여래청정선으로 칭한 사례이고(神會, 馬祖道一, 宗密 등), 또 하나는 여래선 위에 조사선이 있다고 하여 여래선이란 아직 궁극의 선법이 아닌 것으로 이해하는 경향이다. 근래의 학자들도 『능가경』에서 말하는 여래선을 신회나 종밀宗密·마조도일馬祖道一이 언명하고 있는 여래선 내지는 여래청정선과 같은 것으로 이해하고 있다.53 이러한 잘못은 경문을 명확하게 이해하지 못한 데서 나온 것이다. 단지 달마 이래의 돈법은 곧바로 여래선에 증입證入되어 가기 때문에 여래선에 들어가게 하는 선법이라는 뜻에서 '여래선'이라 칭하였을 가능성은 있다. 이는 『금강삼매경』 입실제품에서 존삼수일存三守一의 선법을 '여래선에 들어가는'으로 언명하고 있는 것과 상통한다. 그러나 어디까지나 경문은 '여래선에 들어가는'이지 여래선 자체라고는

---

53 柳田聖山,「祖師禪の源と流」,『印佛研』9-1, 1961, 1. pp.86-87.

하지 않았음을 명심해야 한다.

존삼수일존三守一의 선법_『금강삼매경』 입실제품의 법문을 인용한다.

대력大力보살이 말하였다.

"무제(無際 : 際는 限界 ; 分際 ; 境界)인 심지心智는 그 지智가 갓과 끝이 없음이며, 갓과 끝이 없는 심心은 마음에서 자재自在함과 자재하는 지智를 얻은지라 실제實際에 들 수 있사오나 저 범부들의 마음은 연약하고 중생의 그러한 마음은 많이 헐떡거리는데 어떠한 법으로 견고한 마음을 얻게 하여 실제에 들어갈 수 있도록 하겠나이까?"

부처님께서 말씀하셨다.

"보살이여! ①저 마음이 헐떡거리는 이들은 使(內使 : 末那識의 四使, 外使 : 意識의 六使)가 내외內外로 경계를 연연하고, 수사번뇌隨使煩惱가[54] 흐르며 집주集注하는 까닭이니, 물방울 떨어져 바다를 이루고, 천풍天風이 (바다를) 두드려 파도를 일으키니 대룡大龍이 놀라듯 마음이 놀라는 까닭에 많이 헐떡거리게 되는 것이니라. 보살이여! ②저 중생들로 하여금 存三守一(三解脫을[55] 지니고 心이 如함을 守一함) 하도록 하여

---

[54] 수번뇌隨煩惱를 말한다. 수번뇌隨煩惱는 근본번뇌에 따라서 일어나는 번뇌로 유식종에서 20종으로 나누고, 크게는 小中大로 나눈다.
小隨煩惱 : 忿 恨 覆 惱 慳 嫉 誑 諂 害 憍
中隨煩惱 : 無慚 無愧
大隨煩惱 : 掉擧 惛沈 不信 懈怠 放逸 失念 散亂 不正知.

[55] 三解脫은 보통 空과 無相 無願(無作)을 말하는데, 여기서는 바로 이어지는 본문에 허공해탈·금강해탈·반야해탈이라 하였다. 본문과 本論에 자세히 설명되어 있다.

여래선如來禪에 들게 함으로써 선정을 이루게 되는 까닭에 마음에 헐떡 거림이 없게 되느니라."

대력보살이 말하였다.

"무엇을 존삼수일存三守一하여 여래선에 들어감이라 하옵니까?"

부처님께서 말씀하셨다.

"'존삼存三'이란, 삼해탈三解脫을 지니고 심심이 여如함을 수일守一함이 며, '여래선에 들어간다'란, 심심의 여如함을 이관理觀함이니, 이러한 여如의 지地에 들어감이 즉 실제實際에 들어감이니라."

대력보살이 말하였다.

"삼해탈법은 어떠한 것이오며, 이관삼매理觀三昧는 어떠한 법으로부터 들어가는 것이나이까?"

부처님께서 말씀하셨다.

"삼해탈이란, 허공해탈·금강해탈·반야해탈을 말하나니, 이관理觀하는 가운데 심심이 여리如理하여 청정함에 마음 아니라 할 것이 없음을 깨달아 아는 것이니라."

대력보살이 말하였다.

"어떻게 (行法을) 수지修持하는 용用이라 하오며, 어떻게 관하는 것입니까?"

부처님께서 말씀하셨다.

"심심과 사事가 불이不二함을, 수지修持하는 용用이라 이름하고, 내행(內 行 ; 寂照行)과 외행(外行 ; 중생구제행)으로 출입하되 불이이고, (不二이 되) 일상一相에 머무르지 아니하며, 마음에 득실得失이 없고, 심심을 청정하게 하여 일불일지(一不一地 ; 보살十地가 初地라는 면에서 一地이 고, 菩薩初地가 곧 보살십지라는 면에서 不一地라 함. 원효의 『금강삼매경론』)

에 유입流入함을 이름하여 관함이라 하느니라.

한편 최초로 '조사선'이란 용어가 등장하는 것은 앙산혜적仰山慧寂, 807-883과 그의 사제인 향엄지한香嚴智閑, ?-897의 대화에서이다.56 그 전후의 일들을 『조당집』(952년)에서 요약하면 다음과 같다.57 향엄은 박문博聞 재학才學하여, 스승 위산潙山을 자주 논박하는 말을 능란하게 잘하였는데 위산은 그가 아직 근본을 통달하지 못한 것을 알았으나 그의 말재주를 제지할 수 없었다. 하루는 위산이 그에게 다음과 같이 물었다. "네가 처음 부모의 태중胎中에서 나와서 아직 사물을 알지 못하였을 때의 본분사本分事에 대해 일구一句를 지어 가져와 보라. 내가 너를 인가해 주리라." 향엄은 바로 대답하지 못하고 오랫동안 숙고하고 나서 나아가 몇 차례 말하였으나 위산은 받아들여주지 않았다. 마침내 향엄이 위산에게 가르쳐 주시라고 하니 위산이 말하였다. "나의 도는 말해 줄 것이 아니다. 너 스스로 말해야 한다. 이것이 너의 안목이다." 향엄은 두루 여러 책들을 펼쳐보며 답할 것을 찾았으나 찾지 못하게 되자 책을 모두 불살라버렸다. 곧바로 위산에게 예를 올리고 눈물을 흘리며 문을 나와 향엄산

---

56 이에 대한 기사는 『祖堂集』 제19권 香嚴和尙, 『潙仰錄』(『五家語錄』 所收), 『五燈會元』 권제9 香嚴智閑禪師, 『경덕전등록』 제11 仰山慧寂 條 등에 실려 있다.

57 『祖堂集』(張華 点校, 鄭州, 中州古籍出版社, 2001년), pp.615-617.

혜충국사의 유적지에 왔다가 그곳에서 지내기로 하였다. 하루는 잡초를 베다가 기왓장을 던져 부딪치는 소리에 크게 깨닫고 다음의 게를 지었다.

　一挃(擊)忘所知　기왓장 부딪히는 소리에 알 바를 잃어버렸으니
　更不自修持　　더 이상 스스로 수지할 바 없네.
　處處無蹤迹　　어디든 아무런 자취 없고
　聲色外威儀　　소리와 모습 밖의 위의로다!
　十方達道者　　시방의 달도한 이들을
　咸言上上機　　모두 상상기라 말하네.

향엄은 곧 위산에게 돌아와 그간의 일을 말하였다. 위산이 이 게송을 모든 대중에게 보이게 하니 대중이 모두 축하하였다. 그런데 당시 밖에 나가 있던 앙산仰山이 나중에 돌아와 이를 보고 축하의 말을 건넨 후 위산에게 말하였다. "비록 얼마의 발명發明이 있긴 합니다만 화상께서 그를 시험해 보셨습니까?" 위산이 "그를 시험해 보지 않았다."고 하자 앙산이 곧 향엄한테 가서 축하의 말을 건넨 후 다시 지어 보라 하였다. 이에 향엄은 다음의 게를 지었다.

　去年未時貧　지난해에는 아직 가난하지 않았으나
　今年始時貧　금년에야 비로소 가난하게 되었네.

去年無卓錐之地　지난해에는 송곳 꽂을 땅이 없었으나
今年錐也無　　　금년에는 송곳도 없네.

그런데 『오가어록五家語錄』에 수록된 『위앙록潙仰錄』과 『오등회원五燈會元』 권제9 향엄지한선사조에는 '去年貧 猶有卓錐之地(지난해의 가난은 오히려 송곳 꽂을 땅이 있었으나)'로 되어 있다. 이 게송에서 '송곳 꽂을 땅'은 생사, 유무有無 등의 분별이 있는 세간법을 말하고, '송곳'은 그러한 세간법을 넘어서기 위해 세간법에 투사(投射∶觀照)해야 할 공空·무상無相·해탈·열반 등의 출세간법出世間法을 말한다. 또한 '송곳 꽂을 땅'이 소지(所智 ; 지혜로 관조하는 대상, 또는 관조되는 法相)의 경계라면 '송곳'은 능지(能智 ; 지혜로 관조함, 또는 관조하는 지혜, 지혜로 관조하는 자)를 말한 것일 가능성도 있다. 단지 능지能智까지 사라지는 경지는 출세간법을 해오解悟하였다 하더라도 바로 이루어지는 것은 아니다. 능지까지 사라지는 경지는 후술하는 『능가경』의 3종 지혜 가운데 출세간상상지出世間上上智에 해당한다고 할 수 있다. 그래서 송곳도 없어졌다는 가난이 능지까지 소멸된 것을 말함인지의 여부는 이 게송만으로는 판별하기 어렵다. 향엄이 대오大悟하기 이전에 세간법을 넘어서는 출세간의 법상에 머물러 있었다면 '거년무탁추지지去年無卓錐之地'가 옳다. 그러나 그가 출세간의 대승 법상法相을 이해하지 못하였다면 그때의 가난이란 '유유탁추지지猶有卓錐之地'로 표현될 수 있다. 어느 경우이든 양 게송의 앞의 두 구句를 서로 교환하면 일단 전후 문맥이 제대로 통한다. 그러나 그 가운데 어느 쪽이 사실인지는 향엄의 대오 이전의 경지가 어떠하였는지가 명확하지 않아서 쉽게 단정하기 어렵다. '송곳도 없다'는 전술한 바와 같이 세간법을 넘게 한 출세간법도 불가득不可得임을 증오한 단계를 말한 것일 수도 있고, 이를 뚜렷이 요지了知함에 어떠한 법상을 관함도 끊어져[絶觀] 능지能智도 따로 없는 경지를 말한 것일 수도 있다.

『대승입능가경』 권제4 무상품에 3종 지혜를 설하고 있다.

> 대혜여! 지智에는 세 가지가 있나니 세간지와 출세간지·출세간상상지出世間上上智이다. 무엇이 세간지인가 하면, 일체의 외도와 어리석은 범부가 유有·무無의 법을 분별함을 말하며, 무엇이 출세간지인가 하면, 일체의 이승二乘이 자상自相과 공상共相에 집착함이요, 무엇이 출세간상상지인가 하면, 제불보살께서 일체법이 모두 무상無相이며 불생불멸이고, 비유비무非有非無임을 보고 법무아法無我를 증득하여 여래지如來地에 들어감을 말한다.

요컨대 출세간지는 아직 법상에 취착함이 있는 것이고, 출세간상상지는 법무아法無我를 증득하여 일체의 법상도 넘어서서 여래지如來地에 들어감이다. 이미 여래지에 들어감이니 절관絶觀이며 능지能智도 따로 없는 경지이다. 단지 향엄의 게偈에서 송곳도 없게 된 경지라 한 것이 이러한 출세간상상지出世間上上智에 온전히 이른 것을 말한 것인지는 불분명하다. 전술한 바와 같이 아직 출세간법에 향하거나 관함이 남아 있는 가난을 말한 것일 수도 있는 까닭이다. 그런데 향엄의 이 게偈에 대해 앙산仰山은 이르길, "여래선은 사제가 깨달았다고 인정하겠으나 조사선은 아직 꿈에서도 보지 못하고 있네"라고[58] 하였다. 즉 이 말은 향엄의 '송곳도 없다는 가난'이 아직 온전한 것은 아니었음을 뜻한다. 이 평을 듣고, 향엄은 다시 다음의 게를 지었다.

나에게 하나의 기틀이 있어 눈을 깜짝여 이를 보여주리.
(我有一機 瞬目視伊)
이 뜻을 알아보지 못하면 따로 사미를 부르리다.
(若人不會 別喚沙彌)[59]

앙산은 이 게송을 듣고서야 스승인 위산에게 사제가 이제 조사선에 이르렀다고 하였다. 언어를 떠난 몸짓으로 깨달은 경계를 보임은 후대 여러 선사들에게서 자주 보이고, 조사선의 특징이나 정의를 여기에서 찾는 논자도 있다. 어쨌든 몸짓으로 드러냄은 말을 떠난 당처當處에서 진리가 구현되고 있음을 뜻하는 것이다. 사실 깨달은

---

[58] 『五家語錄』에 수록된 『潙仰錄』.
[59] 앞의 『위앙록(潙仰錄)』.

자리는 말로 드러낼 수 없다. 그래서 이리저리 문자를 구사하여 게송으로 지어 보았지만 신증身證의 자리가 아니라 해오解悟의 자리에서도 그러한 게를 지을 수 있는지라 앙산이 신증의 자리를 보이라 한 것이다. 여러 선문답이 교법을 진술하는 형태가 아니라 주변의 사물로써 깨달음의 경계를 드러냄도 그 사事에서 자신이 진리의 세계를 체험하고 있음을 설파하는 것이다. 그래서 그러한 신증에 이르지 못한 이들은 그 자리를 알아들을 수 없다. 단지 언어로 된 교의敎義 내지는 교리로써 미루어 이해할 수는 있다. 이 뜻을 알아보지 못한다면 따로 사미를 부르겠다는 것은, 도란 바로 평범한 데 있는 것인지라 사미한테 보여 알게 할 수도 있다는 것이다. 그 평범함이란 바로 눈앞에 현전된 사事이다. 마조馬祖의 '평상심이 도다[平常心是道]'나 약산유엄藥山惟儼의 '산시진산 수시진수山是眞山 水是眞水'나 임제의 '입처개진(立處皆眞 ; 바로 처해 있는 곳이 모두 眞이다)'도 마찬가지의 뜻이다. 향엄은 이 게로써 자신이 신증身證하여 당처의 평범한 사事에서 진리를 체증體證하고 있음을 드러내었고, 앙산은 비로소 그를 인가한 셈이다. 그렇다면 앙산이 말하는 조사선이란 결국 언어를 넘어선 신증의 경계에서의 행이라 한다면, 그가 말한 여래선은 아직 언어에 의지한 법상의 경계를 넘지 못한 행, 또는 법상도 무아임을 요지了知하였으나 신증에는 이르지 못한 위位에서의 행을 말한 것으로 보인다.

그렇다면 앙산이 말한 여래선은 전술한 『능가경』의 4종선에 있는 여래선이 과위果位에서 여래의 보살에 대한 가지행加持行인 것과는 전혀 다르다. 사실 4종선에서의 여래선보다 더 높은 선법이란 있을 수 없다. 따라서 앙산이 말한 여래선이란 여래께서 언어로 된 법상으로 개시開示한 선법 정도의 뜻으로 보아야 하지 않을까 한다. 이에 비해 조사선은 그러한 법상을 실제로 넘은 신증身證의 차원이기에 전자와 구분한 것으로 본다. 그런데 신증이란 보살초지(환희지)에서부터 성취된다. 이 위位에 이르지 못하고 앞의 신해행信解行과 선정행의 성취로 자신의 오悟를 과대誇大하거나 그 자리에 안주하며 노래하는 경우가 많은 까닭에 또 하나의 향상向上 방편으로서 조사선의 구句를 제시한 것으로 본다. 그러나 보살초지 이상의 신증과 그 선禪도 여래가 개시開示한 가르침 내에 모두 들어 있다. 따라서 앙산이 말한 입장을 취한다면 양자의 구분이 되지 않는 것은 아니나 그가 말한 조사선도 무슨 특별하거나 새로 등장한 선법은 아니라고 보아야 한다. 이러한 신증身證을 이전의 수많은 조사와 선사들도 체현하였음은 말할 나위 없고, 육조혜능과 마조·백장·황벽선사 등도 자신들의 선법을 여래선이라고만 하고 조사선이란 말은 하지도 않았다. 또한 앙산 이후에도 조사선이란 말은 여러 등사류燈史類, 어록 등에도 매우 희소하게 등장하고 있으며, 대부분 앙산과 향엄의 이 대화에 의거한 것들이다.

 그런데 앙산의 여래선과 조사선의 대비가 그 스승 위산과 사제 향엄에게 통용되고 있다는 사실에 유의할 필요가 있다. 즉 현재

전하는 기록으로는 앙산이 처음 쓴 말이긴 하지만 대화의 과정에 의하면 이들 집단에서는 어느 정도 통용되고 있음이 인정되는 것이다. 위와 같은 뜻에서 조사선을 쓴 것이라면 그들에겐 그렇게 쓸 만한 근거가 있었지 않을까.

혹자는 『보림전寶林傳』(801년) 권8에 실려 있는 달마대사와 양현지楊衒之의 '조祖'에 대한 문답에서 조사선의 발원을 찾기도 한다. 그 부분을 인용한다.

이때 달마대사께서 대중을 이끌고 구름처럼 몰려와서 우문禹門에 모였는데 그곳에 사찰이 있었으니 편액의 이름이 천성千聖이었다. 대사께서 이곳에 머무른 지 삼일이 지났다. 그때 개성태수期成太守 양현지가 대사에게 물었다.
"서국오천(西國五天 ; 五天竺國 : 印度)에서는 스승을 상승相承하여 조祖가 된다고 하는데 이 뜻을 모르겠습니다. 그 뜻이 무엇입니까?"
(달마)대사가 말하였다.
"불심佛心의 종宗을 밝히고, 고금의 일을 알며, 유有·무無를 꺼림이 없고, 또한 취함도 없어, 현賢도 아니고 우愚도 아니며, 미迷함도 없고 오悟도 없다. 만약 능히 이렇게 이해한다면 또한 '조祖'라고 이름한다."
양현지가 또 물었다.
"제자는 오랫동안 악업을 지으며 선지식을 가까이하여 부지런히 좌선하고 공경하지 않아 지혜가 적게 됨에 묶이게 되어서는 오히려 어리석음과 미혹을 쌓게 되어 깨달을 수 없었습니다. (대사님을 뵙는) 이 자리에 이르게 되었사오니 엎드려 원하옵건대 화상이시어! 대도를 지시指示하여 불심佛心을 통달케 하여 주옵소서. 수행 용심用心하는데 어떻게 하는 것을 조사祖師의 선법을 본받는 것이라 하는 것입니까?"

대사께서 게송으로 말씀하셨다.

"또한 악을 보지도 아니하고, 꺼려하지도 않네.

또한 선을 보지도 아니하되 (선을 행하고자) 애써 노력하지도 않는다네.

또한 어리석음을 버리지도 아니하되 현賢을 불러들이지도 아니하며,

또한 미혹을 버리지 아니하고 깨달음에 나아가네.

대도를 통달함에 사량분별 넘어섰고,

불심佛心에 통달함에 분별 넘어섰네.

범성凡聖과 함께하지 아니하고 초연하나니

이를 이름하여 '조祖'라고 한다네."

이 기사의 내용이 사실인지는 확인하기 어렵다. 양현지(楊衒之, 대략 500-570년 사이 생존)는 『낙양가람기』(대략 550년 전후)의 저자로 보리달마가 영령사 탑의 장려함을 보고 찬탄하였다는 것을 기술한 바가 있다.[60] 학계에서는 이 보리달마가 선종초조 보리달마인지

에 대해 아직 명확한 결론이 나 있지 않다. 단지 인도에서부터 사승(師承 ; 師資相承 ; 스승과 제자로 이어짐)으로 조사祖師가 이어지고, 그 조사의 선법을 본받는다는 것이 후대 선종의 근간이 된 것이지만 달마대사 시대에 이미 그러한 인식이 알려져 있었는지 불분명하다. 단지 대략 이 이후 여러 종파가 인도로부터 전승되어 온 각자의 법맥을 공언하고 있는데, 선종과는 차이가 있다. 즉 천태종이나 화엄종은 인도의 마명馬鳴이나 용수龍樹로부터 자종自宗의 종조宗祖에로 잇고 있어 대략 이삼백 년의 공백이 있으나 선종은 달마대사가 직접 와서 전한 것인 까닭에 조사직전祖師直傳의 뜻을 갖는다. 선종은 이러한 특장特長을 입지立地에 활용하고 있다. 그래서 여타의 종파에 비해 사자상승師資相承을 많이 내세우고 자주 말한다. 이렇게 스승과 제자[師資] 간에 심법(心法 ; 心地法門)을 통한 전승이 이루어진다는 점에서 경전의 해석을 배워 전해지는 일반 교종과 구별되게 되었다. 따라서 달마대사가 처음부터 그러한 뜻을 명언明言하지 않았다 하더라도 중국에 와서 직접 전한 것 자체가 이미 그러한 뜻을 지니고 있는 것이 된다. 어쨌든 후대 선종의 선사들은 자신들의 법을 다른 종파보다 유독 조사의 사자상승으로 직전直傳된 선법이라는 자긍심을 지니고 내세우고 있거니와 위의 대화는 곧 그러한 조류를 뚜렷이 보여주고 있는 것으로 이해된다.

---

60 『낙양가람기』 권제1(『大正藏』 권제51, 1000b).

따라서 조사선이란 곧 조사의 사자상승으로 직전된 선법을 가추린 말이라는 일면을 지닌다고 할 수 있고, 그 법의 요체가 곧 위의 대화에서 달마가 설한 법어인 셈이다. 그리고 이 법어가 기재된 800년 무렵으로부터 앙산(807-883)과 향엄(?-897)의 대화 시기는 대략 60년 정도 지난 때인 까닭에 이러한 인식이 상당히 보편화되기에 충분한 기간이었다고 할 수 있다. 즉 앙산이 말한 '조사선祖師禪'은 이미 선종 내에서는 통용되고 있던 용어였다고 본다.

그런데 이 법어는 앞의 글에서 살펴본 달마에서 혜능까지의 돈법과 일치한다. 따라서 앙산이 여래선보다 격상의 선법으로서 지칭한 조사선도 그 내용으로 보면 하택신회나 종밀 및 마조도일이 말한 여래(청정)선과 다를 바가 없다.

제11장 심일경성心一鏡性과 심일경성心一境性
- 정혜무이定慧無二의 선법禪法

심일경성心一境性이란 마음이 하나의 대상에 지주止住된 상태를 말한다. 선정을 닦아 가는 가운데 거치게 되는 한 단계라 할 수 있다. 그러나 이러한 선정행은 점법에 속한다. 그런데 대승의 여러 경론에는 마음이 그대로 거울의 성품과 같다는 법문이 자주 등장한다. 거울은 사물을 비추되 전혀 흔들림이 없고, 물듦이 없으며, 분별함이 없이 상을 드러낸다. 거울의 성품이 본래 그렇게 흔들림 없고, 물듦이 없으며, 분별함이 없기에 모든 상을 드러낼 수 있다.

여러 대승경론에서 마음의 성품이 본래 지知함 없고, 견見함 없으며, 생각함이 없음을 밝히고 있다. 마음의 성품이 이러하기에 거울이 만물을 비추듯 마음에 일체상이 현현될 수 있다. 거울은 그 성품이 공적空寂하여 보되 보는 바 없다. 마찬가지로 심성이 공적空寂하여 보되 보는 바 없고, 지知하되 지知하는 바가 없으며, 분별하되 분별하는 바가 없다. 요컨대 점법漸法에 의하면 심일경성心一境性이나, 돈법頓法에 의하면 심일경성(心一鏡性 : 마음이 거울의 성품과 같다)이다. 자심自心에서 심성이 이러함을 여실히 알아야 선지禪旨가 열려 달마선법을 행할 수 있게 된다. 대승경전의 요체인 공空·무상無相·무원無願의 삼해탈三解脫은 곧 이 선지를 체달하게 하는 교의이다. 어떠한 망념에 있든 그 망념이 공적하고 무상無相이며 무생無生임을 뚜렷이 아는지라 그 망념에서 벗어나고자 하거나 버리고자 함도 없다. 이것이 무원無願·무작無作의 행이다. 단지 이때 망념에 염착染着됨이 조금이라도 있다면 이는 공空과 무상無相·무생無生의 심의深義에 아직 투철하지 못한 것이니 이를 명확히 요지了知함이 있어야 한다. 이 삼해탈을 삼삼매三三昧라고도 하는 것은 이 세 가지 법으로써 망념에 물들지 않아 해탈되어 있기 때문이요, 그래서 흔들림 없고, 적정寂靜하여 삼매가 이루어지는 까닭이다.

삼해탈三解脫이 혜慧라면 삼삼매는 정定의 면을 말한 것이다. 즉 이 선지에 의하여 행한다면 정혜무이定慧無二의 행이 된다. 정定과 혜慧가 동시에 구족되지 않은 행은 일시적인 방편의 행으로써 거치게 되기도 하나 가능한 한 빨리 벗어나야 한다. 원시경전 이래 자주 강조한 바와 같이 정定과 혜慧는 수레의 두 바퀴와 같아서 한 쪽이 구르지 않으면 제자리에서 맴돌 뿐이다. 단지 개인의 성향에 따라서 잠시 얼마동안 둘 가운데 어느 한 쪽에 치중하여 행할 수는 있다. 『원각경』의 25행법은 그 경우 수를 총괄한 것이다. 그런데 아직 방편의 행에 있을 경우는 정혜무이가 되지 못하여 마음으로 마음을 어떻게 함이 있게 되고 마음을 일으킴이 있게 된다. 이러한 행은 마음이 둘이 되어 모순이고, 또 하나의 분별을 더한 것이 되어버린다.

그러나 달마선(능가선)의 요의要義는 마음을 일으킴이 없어야 한다는 것이다. 그렇다고 해서 억지로 마음을 일으키지 않으려고 제지制止하려고 한다면 이 또한 마음을 일으키는 행이 되어버린다. 그래서 여기에 심성이 본래 견見함도 지知함도 분별함도 없음을 요지(了知 : 깨달아 앎, 뚜렷이 앎)하는 혜慧가 필요하게 되는 것이다. 혜慧는 해解와 깨달음[悟]이 있어야 발현된다. 심일경성心一鏡性을 자심自心에서 요지하니 무원無願·무작無作의 행이 되고, 이에 따라 무명無明이 힘을 잃어 미혹의 어둠이 사라지면서 당처當處에 즉卽하게 된다. 무명 또는 미혹이란 지知함도 없고, 견見함도 없으며 분별하는 바도 없는 자심에서 꿈에 취해 지知하고 견見하며 분별함에 빠져 있는 것, 또는 그렇게 있게 하는 것이다. 언제나 당처當處뿐이어서 당처가 지知와 견見과 분별의 대상이 될 수도 없다. 능소(能所 : 주관과 대상)를 떠난 각(覺 : 보리)이며, 언어도단言語道斷이고 심행처멸心行處滅이며 즉심시불卽心是佛이니, 이것이 곧 당처에 즉卽한다는 뜻이다. 당처에 즉하면 어떠한 망념에 있든 그 자리가 그대로 보리[覺]이다. 유有와 무無, 일一과 이異, 생生과 멸滅, 단斷과 상常

등 어떠한 것이든 문제가 되지 않는다. 이렇게 되어야 무수지수無修之修이며 돈법頓法이고 최상승선이며 조사선이다. 따라서 마음으로 마음을 어떻게 함이 있는 행은 아직 이러한 최상승선이 되지 못한다.

대승경전은 주로 마음으로 마음을 어떻게 하는 행을 떠나게 하는 교의敎義가 바탕이 되고 있다. 그래서 얼핏 보면 어떠한 수행법이 구체화되어 있지 않는 듯이 보이기 쉽다. 그래서 어떤 이들은 대승경전에는 수행법이 없다고까지 말한다. 그러나 이러한 말은 큰 죄업을 짓는 것이다. 대승경전 어느 페이지 어느 구절이든 그대로가 모두 수행법(선법)을 말하고 있다. 대승경전은 바로 일체법 그리고 심성이 본래 공空·무상無相·무원無願이고 심일경성心一鏡性임을 일깨우고 있는 것이니 이 리리를 자심에서 요지하면 곧 최상승의 선지禪旨이고 선법인 것이다. 그래서 달마대사는 먼저 이입理入이 되어야 한다고 하였다.

마음으로 마음을 어떻게 하는 행은 외도에도 있거니와 불교가 외도와 다르고, 또한 궁극의 뜻이 3승과 2승도 아니고 1승 내지 일불승一佛乘에 있는 것임을 명심해야 한다. 본래 견분見分과 상분相分이 따로 없는 일심一心이기에 마음이란 대상이 될 수 없다. 그래서 상분相分이 본래 없기에 '마음을'이 성립되지 않는다. 또한 견분見分이 본래 없기에 '마음이'도 성립되지 않는다. 거울은 '내가 본다' 함이 없다. 또한 '나를 본다, 나를 생각한다' 함도 없다. 이와 같이 마음도 본래 '내가(마음이) 본다, 생각한다'가 없다. 마음이 본래 공적空寂하여 생각함이 없다는 것이 곧 무념無念이다. 그래서 마음이 본래 공적空寂함을 아는 것이 요의要義라고 하였다. 무념이라고 하니 망념을 제거하여 이를 이루고자 한다면 이는 제거하고자 하는 생각을 일으킨 것이 되어 또 하나의 망념을 일으킨 것이 되어버린다. 즉 리理에 어긋난 행이 되어버린다.

리理에 어긋난 행은 억지 수행이 되어 많은 병폐를 낳는다. 염念이 그대로 무념임을 알 때 당처에 즉하게 된다. 지知하고 견見함에서 바로 지知함이 없고 견見함이 없음을 알 때 곧 당처에 즉하게 된다. 그래서 『금강경』에 "만약 모든 상相이 비상非相임을 알면 곧 여래를 봄이다"고 하였다. 대승의 심의深義를 요지了知하여 혜慧가 발현되니 분별과 망념을 피하거나 제거하려고 하지 아니하고 여기에 염착되거나 흔들림 없어 정定이 갖추어지는 행인지라 정혜무이定慧無二의 행이다. 거울이 사물을 낱낱이 구별하여 비추더라도 거울은 무심無心하여 아무런 분별이 없다. 거울 속의 사물을 구하고자 하여도 그 속은 공적空寂할 뿐 아무것도 얻을 바 없다. 그래서 거울이 사물을 비추더라도 본래 분별을 떠나 있다. 이러한 거울의 성품과 마찬가지로 분별하는 마음도 그대로 무심無心이라 분별함이 없다. 그 무심도 얻을 바 없음에 바로 당처에 즉卽하게 된다. 이렇게 분별을 떠난 무심無心에서의 분별은 능소能所를 떠나 공적空寂한 자리에서 발현되는 것인지라 식識이 아니고 영지靈知 또는 진지眞知라고 한다.

사조四祖 도신道信의 제자 우두법융牛頭法融, 593-657이 지은 『심명心銘』에 설한다.

보리란 본래 있는 것이니 힘써 지키려 할 필요가 없으며,
번뇌는 본래 없는 것이니 힘써 제거하려 할 필요가 없다.
영지가 스스로 비추니 만법이 여여[眞如]에 돌아가되
돌아가는 바도 없고, 받게 되는 바도 없나니 절관하여 닦음을
지켜나감도 잊어버리라.

菩提本有 不須用守
煩惱本無 不須用除
靈知自照 萬法歸如
無歸無受 絶觀忘守

본래 지니고 있는 보리를 얻기 위해 애써 추구할 필요가 없다. 금수에 즉하여 바로 보리임을 요지了知함에 당처에 즉卽하게 되어 번뇌라 하든 보리라 하든 하등 문제될 바가 아예 없다. 본래 무생無生인 번뇌를 제거하고자 애쓰는 것은 이미 정견正見에 어긋나는 행이다. 영지靈知란 곧 각성(覺性 ; 圓覺)이다. 또는 진지眞知라고도 한다. 중생의 분별하는 지해知解와 구별하여 지知하는 바 없이 지知함을 영지(靈知 ; 眞知)라고 하였다. 영지는 중생이나 불佛이나 공통으로

갖추고 있다. 무수지수無修之修로 임운任運함에 따라 영지가 발현되어 만법이 신증身證되는지라 말로 드러낼 수 없어 여여如如라 하고, 평등일미平等一昧의 영지(靈知 ; 覺性)인지라 여여라고 한다. 만법이 여여에 돌아가되 본래 여여였던 까닭에 돌아간 바가 있겠는가. 여여如如에 무슨 처소가 따로 있어 받게 되는 바가 있겠는가. 그러한즉 무엇을 향해 관행할 수도 없는 것이며, 닦는 행을 지켜나가려 함도 미망이니 잊어버려야 한다. 그러한 가운데 참다운 닦음과 여실한 진전이 있게 된다.

　일심一心은 분별을 떠난 자리라 망(妄 : 망령됨)이 없다. 일심을 요지了知한지라 수많은 경계에 연緣하여 끌리고 염착되는 습기를 조복調伏하게 되고 직심直心하게 된다. 직심이란 마음이 경계에 연緣하여 끌리거나 염착됨이 없고 흔들림 없는 것이다. 직심으로 습기(習氣 ; 습관의 세력)가 조복된다. 60권본『화엄경』권제15 금강당보살십회향품에 "보살은 직심直心의 힘을 성취하여 일체법에 자재할 수 있게 된다"고 하였다. 신수대사는 입적하면서 단 3자로 "굴곡을 직하게 하라[屈曲直]"고 하였다.(『능가사자기』神秀章) 여기서 굴곡屈曲은 경계에 마음이 끌리어 물들고 영향받은 것을 말하고, 직直은 거울같이 마음이 경계에 흔들리지 아니하고 염착되지 않음을 말한다. 또 혜능대사는 『유마경』의 "직심直心이 곧 도량道場이다"를 인용하며 직심하지 않으면 불자佛子가 아니라 하고, 직심이 곧 일행삼매一行三昧임을 강조하였다.(『육조단경』)

심성心性은 공적空寂하고 무상無相이며 분별을 떠난 까닭에 본래 평등 일여一如하다. 그래서 모든 경계와 함께함에도 무엇을 지니는 바가 없다[無所有]. 지금 어떠한 괴로운 마음에 있다 하더라도 실은 심성은 괴로움을 지니는 바가 없다. 심성은 본래 무엇을 소유함이 없는 것이다. 그래서 일체법불가득(一切法不可得 : 일체 모든 것은 얻을 바 없다)이다.

또 『심명心銘』에 설한다.

모든 정을 멸하려 하지 아니하고, 오직 마음을 쉰다는 가르침에 따르고,
상념은 무심해야 멸하는 것이나니, 마음을 끊으려 하지 말라.
공을 증하려고 하지 말라, 자연히 명철해지는 것이나니
생사를 온전히 멸하는 길은 심원한 마음의 이법에 들어가는 것이네.

莫滅凡情 惟敎息意
意無心滅 心無行絶
不用證空 自然明徹
滅盡生死 冥心入理

거울은 정情이 없어 더러운 것이나 깨끗한 것에 영향 받지 아니하고 평등하게 비춘다. 그러나 범부는 그러하지 못한다. 본래 지知함에

는 정情이 있는 것이 아니다. 그러나 범부는 지知하면서 동시에 망령된 정情이 붙어서 대상에서 희로애락을 일으킨다. 실은 지知하는 그 일법一法에 다른 어떠한 것이 붙을 수 없다. 그런데 여기에 희로애락 등의 정情이 붙게 되니 바로 망령된 일이라 한다. 정情이 없이 지知함이 지知함 없이 지知함이다. 분별과 염착됨을 떠난 지知인 까닭이다. 혜가慧可도 일찍이 "정을 붙이지 말라[情事無寄]"고 하였다.61 그러나 혜가의 이 법문은 당시 선정을 위주로 닦던 소위 정학定學의 무리들에 의해 마어魔語라고 비난받았다.62 지혜가 따르지 아니하고 선정 위주로 닦다 보면 그 선정에 정情이 깃들게 된다. 정이 깃들면 이미 사정邪定이다. 그런데 이 망령된 정情이란 망령된 것인 까닭에 이를 억지로 멸해버리고자 한다면 이 또한 어리석음이다. 망령된 것이니 실다움이 없고, 그림자와 같아서 본래 얻을 수 없는 것이고, 그래서 이를 제거할 대상으로 삼을 수 없는 것이다. 이 정情이 본래 그러함을 요지了知하여 단지 마음을 쉬고 있으면 저절로 사라진다. 망령된 것이니 사라지게 되어 있다.

상념도 마찬가지여서 무심無心해야 멸해지는 것이지 억지로 이를 잡아서 제거하려고 하면 그림자를 잡아 없애려 하는 것과 같아 또 하나의 어리석음을 낳은 것이 되어버린다. 무심함이란 바로 정情을 붙임 없이 지知함이니 곧 지知함 없이(知함에 염착됨이 없이)

---

61 『續高僧傳』 권제16 習禪初 僧可(惠可)傳.
62 위와 같음.

지知함이다. 그래서 마음을 끊어가지고 정을 없애려 함은 잘못이다. 이렇게 할 필요도 없는 것이다. 또한 마음을 끊으려 하는 것이 어리석음이다. 마음이란 공적空寂한 것이고 대상이 될 수 없는 것인데 어떻게 끊으려 한단 말인가.

공空을 증證하려고 함도 마찬가지로 잘못된 행이다. 공이란 곧 얻을 수 없다는 것을 일깨워 주기 위한 법문인데 공을 증하고자 한다면 이미 그 공의 뜻에 위배된다. 공이라는 법문을 통해 일체법을 얻을 수 없다는 것을 요지하였다면 그 공상空相도 버려야 한다. 이를 붙잡고 있어서는 안 된다. 일체법을 얻을 수 없다는 것을 요지함에 무명無明이 힘을 잃게 되면서 점차 자연히 명철해지는 것이다. 구름이 점차 걷히니 밝은 해가 드러나듯이.

생사를 온전히 멸하여 구경의 열반에 이르기 위해서는 먼저 심원한 마음의 이법理法에 들어가야 한다. 자심自心에서 대승의 심오한 이법을 요지하고 통달해야 한다. 위에서 설한 법문들이 곧 대승의 심오한 이법이고 심지법문心地法門이다.

또한 이입理入이 되었다 하더라도 일상생활과 실수實修에서 달마대사가 설한 보원행(報怨行 : 고난 받는 것을 자신이 지은 죄업을 갚는 것으로 여기고 달게 받는 행)·수연행(隨緣行 : 부딪히는 인연에 수순하여 걸림 없는 행)·무소구행(無所求行 : 당처를 떠나 따로 구함이 없는 행)·칭법행(稱法行 : 敎義에 합당하게 행함)의 네 가지 행입行入을 실행해 나가야 한다. 행입을 현실에서 구현하는 것은 무척 힘든 일인데 이를 헤쳐 나갈 수 있게 하는 것이 곧 이입理入이다. 이입이 잘 되면 이리가 사事에서 통용이 되고 구현이 되어 이사무애理事無碍에 이르게 된다.

또한 이입理入이 되었다 해서 좌선행坐禪行을 소홀해 해서는 안 된다. 좌선을 통하여 이입도 더욱 심화되고 힘을 얻어 사事에 구현되어 걸림 없게 될 수 있다. 단지 좌선한다고 하면 앉아서 마음을 어떻게 하고자 함이 있는 행이 되기 쉽다. 이입이 철저히 되어 있지 않으면 리理에 어긋난 좌선행이 되기 쉽다. 그래서 앞에 소개한 징선사의 예와 같이 정정定을 위한 정의 행이 되어 버린다. 심일경성心一鏡性이니 마음을 어떻게 할 바도 없고, 마음이 무엇을 함도 없이 단지 무원무구無願無求의 직심直心으로 앉아 있을 뿐이다. 선종의 명구 '지관타좌只管打坐'는 이를 뜻한다. 혜능이 『유마경』에서 유마힐거사가 사리불의 연좌행宴坐行을 꾸짖은 것을 들어 설한 것은(『육조단경』) 좌선이 마음을 어떻게 해서 고요함이나 청정함에 머물도록 하는 행이 되어서는 안 된다는 뜻이지 좌선이 필요없다는 말은 아니다. 이렇게 구함이 있고, 마음을 어떻게 함이 있는 좌선행은 달마대사의 네 가지 행입行入 가운데 무소구행(無所求行 : 구함이 없는 행)에 어긋난다. 마음이 마음을 어떻게 할 수 없는 것이다. 그런데 좌선행에 의해 마음으로 마음을 닦아 무엇을 이루고자 함은 심일경성心一鏡性에 어긋난다. 마음이 본래 공적空寂하여 무상無相이고 무생無生이니 닦을 바 없고, 멸할 망상과 번뇌 없는데 앉아서 마음을 어떻게 하고 있다면 잘못이다. 이입이 안 된 때의 좌선은 헛되이 힘과 시간만 소모시키기 쉽다. 아울러 여러 병폐가 쌓이게 된다. 그래서 불교는 선오후수先悟後修가 근본이다. 단지 아직 오悟가 안 된 상태에서 방편으로 산란심 등을 대치對治하고 집중력을 기르기 위한 정행定行 위주의 행법이 시설되어 있고, 이를 필요로 하는 시기가 있을 뿐이다.

요컨대 달마 이래의 선법은 정혜무이定慧無二의 정혜쌍수定慧雙修이다.

제12장 사물을 가리켜 바로 묻는 뜻
– 능가선과 간화선

초기 선종의 조사들은 종종 주변의 사물을 가리켜 직문直問하곤 하였다. 이를 지사문의指事問義 또는 지사이문指事以問이라고 한다.

구나발다라삼장은,

"스승 따라 배우되, 깨달음은 스승으로 말미암지 않는다. 무릇 사람에게 지혜를 가르치되 아직까지 법을 설한 바가 없다. 사물에 나아가(사물을 가리켜) 험증驗證하니, 나뭇잎을 가리키며, '이것이 어떤 물건인가?'라고 말한다."

"네가 능히 물병에 들어갈 수 있고, 기둥에 들어갈 수 있으며, 그리고 불구덩이에 들어갈 수 있다. (그러한데) 나무지팡이가 설법할 수 있는가, 없는가?"

"(병이나 기둥에 들어갈 때) 너의 몸이 들어가는가, 마음이 들어가는가?"
"집 안에 물병이 있는데, 집 밖에도 또한 물병이 있는가, 없는가? 물병 속에 물이 있는 것인가? 물속에 병이 있는 것인가? 내지 천하의 모든 물 가운데 모두 물병이 있는 것인가?"
"이 물[水]은 어떠한 물건인가?"
(『능가사자기』 구나발다라삼장의 장)

달마대사는,

또 사물을 가리키며 그 뜻을 질문하곤 하였는데, 단지 한 사물을 가리키며 "무슨 물건인가?" 하고 물었다. 여러 사물에 대해서도 모두 질문하고 나서는 돌려서 사물의 이름을 부르고 다시 "이것이 무엇인가?" 하고 물었다.
"이 몸이 있는가, 없는가? 몸이란 어떤 것인가?"
(『능가사자기』 달마대사의 장)

홍인대사는,

"불佛에 삼십이상三十二相이 있는데, 물병에도 또한 삼십이상이 있는가, 기둥에도 또한 삼십이상이 있는가, 내지 토목과 와석瓦石에도 또한 삼십이상이 있는가."

또 부젓가락 한 가지는 길고 한 가지는 짧은 것을 함께 들고,
"어떤 것이 긴 것이고, 어떤 것이 짧은 것인가?"
(『능가사자기』 홍인대사의 장)

신수神秀대사는,

"이 마음이 있는가, 없는가. 마음이 왜 마음인가."
"보이는 색色이 있는 것인가, 없는 것인가. 색이 왜 색인가."
"너희가 종 치는 소리를 듣는가. 그 소리가 종을 칠 때 있는가,
아직 치지 않을 때 있는가. 소리가 왜 소리인가."
또 나는 새가 지나가는 것을 보고
"이것이 어떤 것인가?"
"네가 나뭇가지에 거꾸로 매달려서 좌선을 한다면 할 수 있겠는가."
"네가 벽 속에 바로 들어가 통과할 수 있겠는가."
(『능가사자기』 신수대사의 장)

『능가사자기』의 위와 같은 조사어록에 의하면 지사이문指事以問은 구나발다라삼장으로부터 시작되고 있다. 특히 구나발다라삼장은 지사이문의 취지 내지는 그 서언을 말하고 있다. "스승 따라 배우되, 깨달음은 스승으로 말미암지 않는다"는 것은 자심自心에서 스스로 정진하여 해오解悟하고 나아가 증오(證悟 ; 身證)하는 것이

고, 스승은 지혜를 가르쳐 줄 뿐이라는 말이다. "지혜를 가르치되 아직까지 법을 설한 바가 없다"란, 법이란 본래 언설을 떠나 있고 생한 바 없으며 본래 있는 것인 까닭이다. 이에 대해서는 앞의 회에서 설명한 바 있다. "사물에 나아가(가리켜) 험증한다"고 하였으니 이는 증오證悟, 즉 신증身證하였는가를 물어 스스로를 점검하게 한다는 뜻이다.

자심自心에서 능소(能所 ; 주관과 객관)를 떠났으니 심心이 그대로 무심無心이기 때문에 마음에 걸리는 법상이 없고, 오직 현전의 사事가 그대로 내 몸과 둘이 아니며, 함께 각覺 되어 있다. 즉 일체의 상념을 벗어나게 되니 현전의 사事가 본래의 실상實相 그대로 청정하여 대상이 아니고, 단지 몸으로 체현되니 바로 각覺의 경계이며 법계연기法界緣起에 증입證入함이다. 능소를 떠나 지知함 없이 지知함이 곧 각覺이다. 지知함이 없다 함은 심心이 본래 지知함이 없고 분별함이 없기 때문이고, 지知함이란 심心이 본래 지知함이 없고 분별함이 없기 때문에 지知할 수 있고, 분별도 한다. 마치 거울이 일체를 비추어 드러내나 거울 자체는 지知하거나 흔들림 없듯이. 그래서 거울이 일체 어느 것이든 분별함 없이 모두 비추듯이 자심自心이 모든 존재의 뜻과 인연을 비추어 안다. 주변의 나뭇잎을 보고 이것이 무엇인가 하고 묻는다. 머리로 분별하여 나뭇잎을 아는 것이 아니라, 온 몸으로 나뭇잎이 체현되어 있음이라 그 경계를 말로 드러낼 수 없다. 지사이문指事以問은 곧 그러한 경지에 이르렀는가를 묻고 있는 것이며, 아직 이르지 않았다면 이 사事에 즉卽한 직문直問으로 능소를 떠난 자리에서 모든 상념을 떠나 사事를 체현하는 자리로 이끄는 것이다. 그 지사이문의 질문에 곧장 일체의 상념과 법상과 분별이 모두 사라진다. 사실 일체의 존재는 사량분별을 떠나 있다. 그래서 사량분별을 떠나면 그 사事의 실상이 드러난다. 사물을 가리켜 곧바로 질문하는 것은 그러한 언설상이나 개념 및 관념을 일거에 버리게 하여, 사事의 당처當處에 증입證入하게 하는 가르침이다. 사事의 실상實相은 곧 자심自心과 자신自身에서 체현되고 증명된다.

또한 이는 화엄의 입법계연기入法界緣起와 사사무애事事無碍의 체현이고 증명이다. 화엄종에서 설하는 궁극의 수증修證인 화엄삼매문(華嚴三昧門 ; 周遍含容觀, 事事無碍門)에서도 이 지사이문指事以問의 법이 시설되어 있다. 먼저 『화엄오교지관』에서는 화엄삼매문에 대한 설명을 인용한다.

만약 색 등의 제법이 연으로부터 생한 것임을 직견한다면 곧 이것이 법계연기이다(법계연기에 든 것이다). 앞의 (四門의) 방편들을 꼭 다시 해야 할 필요는 없다.(若有直見色等諸法從緣 卽是法界緣起也 不必更須前方便也)

사事에서 법계연기를 직견直見하면 법계연기에 직입直入한다는 것을 설하고 있다. 그래서 앞에 시설된 수증修證법들은 일체의 분별과 법상을 떠남으로써 사事의 법계연기에 즉입卽入하도록 하는 뜻을 지닌다. 단지 『오교지관』은 여기에 직입하지 못한 자들에게 처음부터 끝까지 하나하나 질의토록 하여 미혹을 끊어 다하게 하고, 법상을 제거하며, 절언絶言하여 성품을 보아 깨달아 알게 해야 증득하게 된다고 한다. 이는 초기 선종의 심지법문心地法門들이 대부분 질의응답식으로 되어 있고, 『육조단경』에도 경론을 통해서 깨닫지 못하면 선지식을 찾아 언하言下에 편오(便悟 ; 곧바로 깨달음)하라고 한 것과 상통한다. 후대 선사들의 깨우친 사례들은 대부분 선지식을 찾아 문답한 것이 계기가 되고 있다.

또 『오교지관』은 공유무이空有無二에 즉입융통卽入融通하여 망견심妄見心이 온전히 소멸되어야 비로소 순리順理하여 법계에 드는 것인데 이는 연기緣起의 법계法界가 본래 견견과 망정妄情을 떠난 때문이라 하고, 여기에 증입證入하는 방편을 세 가지 들고 있다. 그 첫 번째가 견見을 다하도록 하는 것이니 이를테면 사물을 가리키며 묻기를 "무엇이 눈[眼]인가?"라고 하는 것이다. 즉 바로 눈앞의 사물을 가리키며 바로 질문하여 그 사물의 명상名相을 비롯한 일체의 법상이 개재되지 않은 자리에서 그 사물의 법계연기에 증입證入하게 하는 것이다. 입법계연기入法界緣起의 두 번째 방편은 법을 개시開示하여 전도심顚倒心을 제거하고 집착을 끊게 하는 것이며, 세 번째 방편은 법을 개시하여 이언절해(離言絶解 ; 언어를 떠나고 분별로 아는 것이 끊어짐)하도록 하는 것이다. 모두 앞의 여러 법문과 수증修證에서 이미 개시開示된 내용이다. 즉 궁극의 수증단계인 화엄삼매문에 격별의 선법이 있는 것은 아니다. 앞에 개시한 수증법이 온전히 발휘되어 성취되면 곧바로 입법계연기이다. 미처 여기에 이르지 못하였을 경우에는 질의응답을 통해 맺힌 곳을 풀어주고 깨닫게 하며, 지사이문指事以問으로 사량분별을 떨쳐버리고 즉입卽入하게 하며, 앞의 여러 법문을 다시 개시하여 말을 떠나고 지해知解를 끊도록 한다. 그래서 화엄종의 궁극의 수증修證은 선종과 일치한다. 이는 초기 선종의 능가선의 영향을 받았음을 말해 주는 것으로 후대 선종과 화엄의 일치 경향도 여기에 한 요인이 있다고 본다.

한편 이러한 지사이문指事以問은 후대 간화선에서 화두話頭를 들게 하는 것과 얼핏 비슷한 것으로 생각하기 쉽다. 그러나 양자는 크게 다르다. 먼저 지사이문은 그 질문을 의심으로서 챙겨 나가라는 것이 아니다. 그 질문의 의도가 신증身證에 대한 험증에 있고, 아울러 언하言下에 모든 법상의 상념과 명상名相 분별을 버리게 하여 증입證入하게 하기 위함이지 이 의문을 치켜들고 의심해 가라는 것이 아니다.

사실 능가선의 이법에 의하면 이러한 질문을 의심으로서 들래야 들 수가 없다. 즉 이입理入이 되었다면 이미 능소能所가 따로 없는 일심一心이며, 본래 심성心性이 견見함도 없고, 지知함도 없으며 분별함도 없음을 요지了知하였는데 어떻게 무엇을 의심으로 삼아

들 수가 있겠는가. 마음이 그대로 무심無心이어서 아무것도 얻을 바 없고[無所得], 마음이 그대로 무소유無所有임을 뚜렷이 아는데 의문의 대상을 어떻게 잡거나 챙길 수가 있겠는가. 이입理入이 된 자리에서는 이미 작의作意에 의한 억지 수행을 떠나 무수지수無修之修가 행해지고 있는데 어찌 이에 어긋나는 행법인 간화선을 취할 수가 있겠는가.

단지 이입理入이 되고 나면 보원행報怨行·수연행隨緣行·무수구행無所求行·칭법행(稱法行 : 如法 如理한 행)의 행입行入의 행만 실천해 나가면 된다. 지사이문의 질문을 받고 곧바로 대답할 수 없었다 하더라도 수증修證은 이제까지 해 온 이입理入에 의한 여리如理한 행, 즉 행입行入을 이어갈 뿐이다. 이를 버리고 그 질문에 매달려 가는 것이 절대 아니다.

아직 여리如理에 철저하지 못하고, 행입行入이 아직 원만히 성숙되지 못하여 증입證入의 과果를 얻지 못하였다 하더라도 여리如理한 행이 이어지는 한 언젠가는 여습餘習이 모두 소멸되어 증오證悟하게 되면서 지사이문指事以問의 질문도 자연히 풀어지게 되는 것이다. 그리고 그렇게 풀어진 해답은 언설과 사량분별을 떠난 사물의 실상의 자리이고 신증身證인지라 문자언어에 의거한 답변은 사실 불가不可하다. 그래서 '입 열면 어긋난다[開口則錯]'고 하였다. 단지 문자를 통해 간접적 방향 제시만 해주거나 변죽만 울려주기, 몸짓과 소리와 같은 사事를 통해 개시開示하는 것 등이 펼쳐진다. 이것이 선문답禪問

쏨이 되는 것이고, 어디까지나 신증身證을 전제로 한 개시의 형태였지만 후대에는 신증이 이루어지지 않은 채로 단지 시적 감흥이나 문학적 기교, 희화적戱畵 흉내에 의한 소위 문자선文字禪의 부류도 많이 나오게 되었다. 특히 간화선은 화두만 깨치면 된다고 하여 교법에 대한 기본적 학습과 이해를 소홀히 하게 한다. 그래서 대승의 심의深義를 통달하여 이입理入하는 정도正道를 버려버리기 쉽다.

이입이 되어야 분별을 넘어선다는 뜻을 알 수 있다. 그래서 선지禪旨가 열린다. 화두에 의지해서 법상에 끌리지 아니하고 사량분별을 녹인다고 하나 화두에 집중하는 힘에 의해 잠시 그러한 효과가 있는 것이다. 깨달은 지혜가 되어 있지 않으면 그러한 효과는 일시적이고 매우 한정된 것에 불과한 것이다. 능가선은 먼저 대승의 심의深義를 요지함으로써 깨달은 지혜가 열린 상태에서 하는 것이다. 능가선의 근본은 무작의(無作意 : 생각을 지음이 없음)의 행이다. 무작의의 행을 무수지수無修之修라고 한다. 생각을 짓는 행은 많은 폐해를 낳는다. 처음 단계에서는 작의(作意 : 생각을 지음)의 행도 거치게 되나 교법을 자심自心에 비추어 이해하여 속히 작의의 행에서 벗어나지 않으면 안 된다. 그래서 불교는 선오후수先悟後修의 길을 강조하고 있는 것이다.

한국 강원의 기본 교재이며 필수 과목으로 되어 있는 대혜大慧의 『서장書狀』은 간화선을 홍기시키고 그 기본 교전으로서 큰 영향을 끼쳐왔다. 그 법문의 특성은 먼저 대승의 심의深義 내지는 초기 조사들의 심지心地법문을 말해놓고는 끝에 가서는 항상 다만 화두를 들라고 하는 형태이다. 그런데 먼저 말한 대승의 심의深義와 조사들의 심지법문을 올바로 자심에서 요지了知하였다면 화두를 들 수가 없다는 것을 강조하고 싶다.

  대승의 심의와 조사들의 심지법문도 일단 언어로 설해진 것이지만 그 뜻을 알았다면 선행禪行에서는 그러한 언설상도 잊게 되어진다. 즉 무념無念 무수無修가 이루어지고 행해지는 것이다.『육조단경』에서 항상 강조하는 선법도 무념행無念行인데 화두 드는 것이 어찌 무념행일 수 있을까. 무념행이란 마음에서 염念이 없게 하는 것이 아니라 심성心性이 본래 무념無念임을 요지하는 것이고, 이미 요지하였으니 마음으로 무엇을 한다고 함이 없는 행이 되는 것이다. 마음에서 염을 없게 함이 있다면 이미 그 마음이 있으니 무념無念이 될 수 없는 것이다. 그래서 심성이 본래 무념無念이라는 각지覺智가 있어야 한다는 것이다. 또한 능소를 떠난 일심이어서 본래 마음이 분별함을 떠나 있음을 요지한 각지覺智가 있어야 한다는 것이다. 그 각지는 대승의 이법理法과 심의深義에 대한 이해에서 출발하여 이를 자심自心에서 요지하는 가운데 오입悟入 내지 증입證入된다. 그리고 대승의 이법은 일단 논리적 설명으로 설해져 있다. 이에 의거하여 신해행증信解行證의 정도正道가 실행된다. 화두타파로써 각지覺智가 열릴 수도 있겠으나, 난해한 수학문제를 그 원리에 대한 해설을 보아가며 풀어나가지 아니하고 무턱대고 그 문제만 의심하고 있다고 하여 풀어지는 것이 아니듯이 화두타파 자체가 이미 힘든 일이고 드문 일이다. 더구나 억지 수행인 까닭에 많은 폐해가 따르게 된다.

초기 조사들의 지사이문指事以問은 후대의 간화선과 다른 것이었다. 그 질문을 의심으로 삼아 붙들고 있으라는 것이 절대 아니었다. 단지 사事에 즉卽하여 사事에 즉卽하게 일깨우는 것이고 스스로를 점검하도록 한 것이었을 뿐이다. 그래서 그 선법은 항상 그대로 이입理入과 행입行入만이 있을 뿐이었다. 즉 그 의문에 의지하여 선을 한다는 것이 아니었다.

그런데 후일 간화선이 홍기하고 성행하게 된 요인 가운데는 초기 조사들의 지사이문指事以問의 뜻이 잘못 받아들여지고 오해된 면도 있을 것이다. 더구나 화엄종에서도 궁극의 단계인 화엄삼매에 드는 최후 방편의 하나로서 지사이문이 설해지고 있는 까닭에 그러한 질문사항을 의심으로 드는 것이 최상승선이고 조사선인 양 착각하기 쉬웠을 것이다. 그러나 지사이문한 초기 선종의 조사들이나 화엄종의 조사들 그 누구도 이 질문사항을 의심으로 품어 나가라고 한 바가 없다. 경론의 대화나 여러 구절들, 또는 조사들의 대화를 접하게 되면 잘 이해되지 않는 부분에 대해 자연스레 의문이 들게 되는 것은 당연하고, 이해되지 않는 부분을 이해하기 위해 종종 생각해보거나 살펴보는 것은 자연스럽고 당연한 일이다.

그러나 후대에 성행한 간화선은 오직 화두 하나를 잡고 이를 의정疑情으로 몰아가는 행으로써 전자의 경우와 비슷한 듯하면서도 크게 다르다. 전자의 경우에서는 다른 경론이나 행을 통해 앞의 의문이 해소되고 깨달아질 수도 있으나 간화선은 오직 화두에 대한 의정의 집중과 그 지속 외에는 다른 길과 방편을 허용하지 않는다. 뻔히 경론에 알기 쉬운 논리로 설명되어 있는 사항도 의문을 들어 화두타파 한다고 한다.

수학공식이나 원리에 대해 잠깐 살펴보고 나면 곧장 풀어질 문제를 십년 오십년 문제를 바라만 보고 의심하고 있는 것과 비슷하다. 공안(公案 : 화두)에는 물론 사량분별을 넘어서서 사事에 즉한 자리를 직시直示한 명제가 많이 있어 머리로 이해하거나 풀려고 해서 되는 것이 아니지만, 이러한 명제들 또한 부처님 이래 조사들이 행해오던 이입理入과 행입行入에 의해 타파되고 증명될 수 있는 것이다. 만약 간화선에서 그러한 공안들을 의문으로 들고 있는 행법이 그렇게 뛰어난 것이라면 왜 부처님과 조사들이 그러한 선법이 최고라고 하며 강조한 구절이 대소승 경론을 막론하고 보이지 않는 것인가.

요컨대 지사이문指事以問이 후대 선문답으로 발전한 것이라 하겠으나, 그 선문답을 명제로 하여 의문의 대상으로 삼아 그 의정疑情을 집중해 나가는 행은 지사이문의 뜻에 어긋나고, 대승의 심의深義에 어긋난다. 이와 같이 리리理理에 어긋나는 행으로 정과正果를 얻는 것이 가능할 것인가.

제13장 간심看心과 불사不思·불관不觀·불행不行
  - 티베트의 종론宗論

792-794년 티베트에서 중국선종의 돈법과 인도의 점법 사이에 논쟁이 펼쳐졌다.(티베트 宗論, 라싸의 宗論)63 이 논쟁에서 선종 돈법을 펼친 이는 돈황에서 활동하고 있던 마하연摩訶衍선사이다. 그는 786년 돈황이 티베트(토번)에 점령되었을 때 티베트에 이주되어 794년까지 티베트에서 활동하였다. 그의 스승들은 항마장降魔藏과 의복義福·혜복惠福인데 이 3인은 모두 북종신수北宗神秀의 사법嗣法 제자 19인(『경덕전등록』 권4) 가운데 들어간다. 그 논쟁에서 마하연이 펼친 선법은 『돈오대승정리결頓悟大乘正理決』에 기술되어 있

---

63 종래 이 논쟁은 '라싸의 宗論(또는 對論)', '상야의 宗論'으로 칭해졌으나 라싸와 상야만이 아니라 여러 곳에서 여러 차례 펼쳐졌다는 점에서 '티베트 종론'으로 칭하는 것이 타당하다.

다.64

마하연이 중국 선종의 심요心要인 간심看心과 불사不思·불관不觀·불행不行의 선법을 설함에 상당한 호응을 얻자 인도에서 온 바라문승들이 이를 불설佛說이 아니니 금지해야 한다고 주장함으로써 티베트 왕의 입회하에 대론對論이 펼쳐지게 되었다. 이 법이 불설이 아니라는 주장을 반박하기 위해 마하연의 변론은 당연히 다양한 대승경전들을 들어 그 법이 경전에 의거하고 있음을 입증해 보이는 것이었다. 그런데 이 대론의 결과에 대한 양편의 기록이 상반된 기술이어서 어느 쪽이 사실인지 명확하지 않다. 『돈오대승정리결』에 의하면 갖가지 대승경전의 구절들을 인용하며 명쾌하게 그 근거를 제시하고 해명한 마하연에게 티베트 왕이 감복하여 "마하연이 개시開示한 선의禪義는 경문을 지극히 다 편 것으로 하나도 어긋남이 없다. 지금부터는 도속이 모두 이 법에 의거하여 수습하게 하라."고 하였다 한다.

마하연이 티베트에서 설파한 간심看心과 불사不思·불관不觀·불행不行의 법문은 대론對論 과정에서 설명되고 있어 그 뜻이 명쾌하게 드러나 있고, 달마선의 핵심 요지를 드러내고 있다. 이 글에서 이 법문을 들어 논하고자 하는 것은 간심과 불사·불관·불행은

---

64 『頓悟大乘正理決』·『頓悟大乘正理決 長篇』·『チベット文異本 頓悟大乘正理決』이 上山大峻, 『敦煌佛敎の硏究(資料篇)』(京都, 法藏館, 1990. 3)에 수록된 것을 저본으로 함.

언뜻 보아 서로 어울리지 않는 행으로 보이기 쉽기 때문에 이 점을 명확히 하고자 함이다.

간심(看心 ; 觀心)은 모든 경론과 모든 종파에서 기본으로 하는 법문이다. 천태지자대사와 신수대사 모두『관심론觀心論』을 저술하여 현전現傳하고 있다. 단지 '간심看心'으로 같이 칭해지더라도 어떻게 하는 간심인가에 따라 큰 차이가 있다. 마음의 성품을 교리를 통해 그대로 알고 확인하는 간심과 그렇지 못하여 마음 바라보기식으로 하는 간심이 있다. 전자가 불타佛陀가 가르치신 수행의 근본 지침이요, 바른 길이다. 또는 낮은 수준의 간심으로 마음을 일으켜 마음을 간看하는 법이 있다. 화두선도 이러한 류에 들어간다. 화두를 일으켜 그것을 잡고 간看하니 이를 간화선看話禪이라 한다.

한편 마음의 성품이 불가득不可得이고 무소유無所有이며, 본래 지知하고 견見함 없으며, 분별함도 없고, 무심無心이라는 뜻을 들어 알고, 자심自心에서 그러함을 확인하는 간심看心이 있고, 확인이 된 후에 그 심心의 뜻이 저절로 상응하여 간看할 바도 없어 불관不觀·불사不思로 진전되는 간심이 있다. 그래서『능가사자기』도신道信의 법문에 여러 곳에서 염불행과 간심행을 설하면서 또한 불염불不念佛, 불간심不看心을 말하고 있는 것이다. 불가득不可得의 심성心性이 곧 불佛임을 요지한지라 참다운 염불念佛은 곧 염불함도 없음이요 [不念佛], 심성이 불가득不可得인지라 이를 요지하였다면 참다운 간심看心은 간심함도 없음이 되어지는 것이다. 마하연이 말한 간심은 바로 이 후자의 간심이고 달마선 내지 대승선의 길이다.

그러나 이러한 깊은 뜻의 간심看心임을 가려버리고 북종에서 말한 간심을 단지 3승이나 2승에서 행하는 간심으로 매도하면서 남종의 정통성을 주창한 이들이 있었다. 하지만 『육조단경』이나 하택신회荷澤神會의 여러 법문에 강조된 핵심 선법이 '식심견성(識心見性 ; 自心에서 그 성품을 了知함)'인 바 이는 바로 마하연의 간심看心과 똑같은 뜻이다.

자심自心에서 무엇을 아는 것인가 하면, 바로 경전에서 부처님께서 친절히 마음의 성품이 이렇다 하고 가르쳐 주신 것을 요지了知하는 것이다. 즉 심心은 불가득不可得·무소유無所有·공적空寂·일심[無能所]·무생無生·무지無知·무견無見·무분별無分別·무심無心·무념無念임을 요지하는 것이다.

『육조단경』에 이르길, 경전에서 이를 요지하지 못하면 선지식과의 대화를 통해 요지하도록 한다고 하였다. 이것이 전술한 '언하편오言下便悟'이다. 불사不思라든가 불관不觀의 행행은 간심看心의 관행도 함이 없다는 뜻을 드러내고 있는데 이는 바로 자심自心의 성품이 자연히 구현되고 있음을 말한다. 이 간심과 불관不觀 불사不思의 행은 상당 부분 곡해曲解되거나 충분히 이해되지 못하여 왔다. 그러나 북종 신수神秀의 재전제자再傳弟子인 마하연이 이 두 법문을 같은 선법으로 함께 설하고 있는 것이다.

그런데 마하연은 이 간심看心을 통하여 일체의 망상 습기를 제거하여 성불할 수 있다고 하였고, 이에 대해 인도에서 온 바라문승(『대승입정리결』은 인도에서 온 승려들을 '바라문승'으로 칭하고 있다)들은 일체 제불諸佛이 한량없는 다겁 동안 한량없는 공덕을 쌓고, 지혜를 원만히 갖추어서 성불하였다고 하였는데 어찌 간심에 의한 망상 습기의 제거만으로 성불할 수 있다는 것인가 하고 비판하였다. 마하연은 이에 대해 "단지 마음의 망상을 떠나면 제불여래법신이며, 부사의不思議의 지혜가 자연히 드러난다"(『능가경』) 등 여러 대승경전의 구절들을 인용하여 반론하고 있다.

또 인도의 바라문승이 반론하길, 어떤 천인天人이 망상을 제어하여 무상천無想天에 태어났지 성불한 것이 아니라고 함에 마하연은 답하길, 저 천인天人들은 관함이 있고, 취향趣向하는 바가 있어 무상정無想定을 취한 것이며, 이 망상으로 인하여 저 천天에 태어난 것이니 만약 능히 무상정을 떠난다면 망상이 없게 되어 저 천天에 태어나지 않게 된다고 말한다.

또 이 법은 범부들이 수행하기에 적합하지 않다는 비판에 대해 마하연은 답하길, "일체중생이 무시無始 이래 망상분별로 인해 선악의 법에 망상하여 취착하고, 혹은 선행에 뛰어나고, 혹은 악행에 뛰어나니 이 인연으로 생사에 유랑하여 벗어나지 못한다. 때문에 경문에 '무릇 상相이 있는 것은 모두 허망하나니, 만약 제상諸想, 諸相이 비상非想, 非相임을 요지了知한다면 여래를 봄이다'고 하였다. 만약 이를 요지한다면 무량겁 동안 선법善法을 수습하는 것이 이 일념一念공덕보다 못하다. 또 범부들에게는 이 법을 수학修學하기에 적합하지 않다고 말하셨는데 일체제불보살이 무량겁 동안 선법善法을 닦아 등정각等正覺을 이루었다고 하신 것은 모두 후대 말법중생으로 하여금 수학하도록 하기 위해 남기신 것이다. 이미 범부중생이 배우기에 이 법이 부적합한 것이라 하셨으니 그렇다면 이 제불諸佛의 법문은 누구를 위해 남긴 것인가. 범부들에게는 이 법이 수학하기에 적합하지 않다는 것이 어느 경문에 나오는가?" 하였다.

또 "어떻게 간심看心하는 것입니까?" 하는 질문에 "심원心源을 반조返照하여, 심상心想이 움직임을 간심하되, 유有·무無와 정淨·부정不淨과 공空·불공不空에 대해 모두 사량분별하지 않으며[不思議], 그렇게 불관不觀함도 또한 불사不思하는 것이다. 까닭에 『정명경(淨名經 ; 유마경)』에서 설하되, '불관不觀이 보리(菩提 ; 覺)다'고 하였다"고 답한다. 즉 심상心想의 당념當念을 간심看心하되 유무有無 등 일체의 사량분별을 함이 없으니 여기에 불관不觀의 뜻이 있고, 억지로 불관不觀하고자 하여 불관不觀의 상想을 짓고 있는 것도 아니니 여기에 불사不思의 뜻이 있다. 심원心源을 반조返照한다는 것은 마음을 일으켜 반조한다는 것이 아니다. 심원이 당념 당처를 떠나 따로 있는 것이 아님을 알았다면 당념 당처가 그대로 심원인 까닭이다. "마음이 마음을 모르고, 마음이 마음을 볼 수 없다"(『반주삼매경』)고 하였으니, 당념當念 당처當處가 바로 그러함을 요지한 까닭이다.

또한 심원心源을 반조返照한다 하여 마음이 내內로 향하는 행도 아니다. 마음이란 본래 내외가 없는 까닭이다. 내외 어디에도 향함 없음이 곧 심원이고, 당처이다. 내외 어디에도 향함 없으면 곧 심원을 반조함이다. 자칫 잘못하여 마음을 일으켜 내內로 향하는 것으로서 심원을 반조하기 쉬우나 이렇게 되면 심원이 아니라 마음으로 지은 내內라는 영상映像 내지 환상에 향하고 붙잡는 것이다. 이 차이를 분명히 알아야 한다. 이렇게 알아야 심원을 반조함이 곧 당념의 심상心想이 움직임을 간심看心하는 것임을 이해하게 된다. 사실 당념의 당처 외에는 아무것도 없는 것이다. 그래서 그 당념當念의 동動하는 심상을 대상으로 하여 유有다, 무無다 하는 등의 사량분별을 할 자가 따로 없고, 이미 당념뿐인지라 당념 자체가 그러한 사량분별의 대상이 될 수 없는 것이다. 그래서 불관不觀이 되는 것이고, 이때의 불관은 이미 간심看心 그대로의 당처에서 되는 것인지라 불관을 의도하여 짓는 행이 아니다. 그래서 마음으로 무엇을 해야겠다거나 불관의 법을 취하여 이를 지니거나 의거하는 바도 없다.

이렇게 어떠한 법도 취하거나 지니거나 의거하는 바가 없기 때문에 원효대사의 『대승기신론별기』에서는 "고요 적멸하여 의거할 바가 없다[蕭焉靡據]"라 하였다. 따라서 간심看心과 불관不觀 불사不思의 선법은 다른 법이 아니라 동시에 구현되는 불이不二의 법이다. 요컨대 불관不觀·불사不思·불행不行, 무수無修의 간심看心이다. 또한 자심自心이 본래 견見함도 없고, 지知함도 없으며, 분별함이 없는 까닭에 자심이 그러함을 자심에서 요지함이 곧 간심이다. 그리고 자심이 지知함 없음을 아는지라 자심의 그러한 성품 따라 간심도 행하는 바가 없다. 즉 간심의 능지能智도 떠나는 것이다. 그렇지만 항상 자심의 그러한 성품이 구현되는지라 그 행行이 없지 아니하다. 이 자리를 말로 드러낼 수가 없다. 그래서 마하연은 대론對論의 말미에 이르길, 이제까지 여러 경전을 인용하여 이리저리 설명하였으나 진실한 뜻은 말로 드러낼 수 없다고 하였다.

하택신회는 신수의 간심看心법문을, 마음 일으켜 간심하는 행으로 보아 이는 점법이니 달마의 정통선이 아니라고 비판하였다. 하택신회의 이러한 주장은 후대에 큰 힘을 발휘하여 남종 천하가 되는데 결정적 기여를 하였다. 그러나 근래 돈황에서 발견된 『돈오진종론頓悟眞宗論』과 『돈오진종요결頓悟眞宗要決』 등 여러 북종 법문에 『육조단경』이나 하택신회의 선법과 다름없는 돈법이 뚜렷이 기술되어 있다. 신수가 초심자나 대중 법회에서 더러 방편의 점법을 설한 경우도 있을 수 있고, 이를 가지고 점법으로만 매도한 것일 수도 있다. 그러나 오조五祖의 수제자인 신수가 선종 선지禪旨의 근본을 몰랐다는 것은 말이 안 된다. 그 신수의 재전제자再傳弟子인 마하연이 티베트종론(라사의 종론)에서 이미 돈법을 뚜렷이 설파하고 있는 것이다. 그 돈법의 선지는 다음의 대화에서 더욱 뚜렷해진다.

"어떠한 방편으로 망상과 습기를 제거하는가?"라는 질문에 대해 "망상이 일어났을 때 불각不覺이면 이를 생사라 하고, 각覺이면 망상에 따라감이 없고, 번뇌 일어남에 취함도 없고, 머무름도 없어 염념念念이 해탈이고 반야이다"고 한다. 마음이 본래 공적空寂하여 무생無生이고, 무지無知 무견無見임을 깨닫지 못하였다면 망상에 끌리고 휩싸여 가니 바로 이것이 생사 윤회의 길이다. 만약 마음의 성품이 그러함을 깨달았다면 어떠한 번뇌 망상이 일어나도 그것을 취하거나 따라가거나 버리려 하거나 함이 없다. 어떠한 한 법도 얻을 바 없기 때문이다. 마음이 본래 무엇을 취하거나 버리거나 함이 없기 때문이다. 마음의 성품은 본래 취하고 버림이 없다. 따라서 이 법이 행해지기 위해서는 당연히 먼저 자심自心의 그러한 성품을 자심에서 요지(了知 ; 깨달아 앎, 뚜렷이 앎)함이 있어야 한다. 간심看心을 먼저 말하는 것은 자심에서 그러한 성품을 뚜렷이 보아야 하는 까닭이다. '직지인심 견성성불直指人心 見性成佛'은 바로 이 뜻이다. 또 여러 경에 의거하여 이르길, "불성佛性은 본래 있는 것이니 닦아서 이루어지는 것이 아니다. 단지 삼독(三毒 ; 탐심, 성냄, 어리석음)과 허망 망상 습기의 더러운 옷을 떠나면 해탈이다"고 한다. 수행을 통하여 불성佛性을 새로 이루어 가는 것이라면 점법漸法으로 가야겠으나, 불성이란 본래 완전무결하게 누구에게나 갖추어져 있는 것이니 무슨 행으로 새로 만들어지는 것이 아니어서 단지 그러함을 뚜렷이 알아 망념에 물들지만 않으면 된다. 그래서 '견성성불見性成佛'의 돈법이 강조되는 것은 당연하다. 이 돈법의 뜻을 모르면 마음을 이리저리 지어서 무엇을 이루고자 집중하고 향하고 힘을 쏟는다. 그러한 행은 불성에 위배되는지라 도리어 많은 병폐를 낳아 성불에서 멀어지게 한다.

또 인도의 바라문승은 반문하길, "『십지경十地經』에 의하면 팔지八地보살이어야 불관不觀에 들어가 수행하도록 한다고 하였으니 이에 의거한다면 범부는 아직 초지보살도 되지 못하였는데 오직 불관不觀의 행으로 어떻게 성취하겠습니까?" 하였다. 근래에도 이 달마선을 어느 정도 이해하고서도 이러한 류의 의문을 제기하는 경우가 많다. 이에 대해 마하연은 팔지보살은 일체의 관과 분별습기를 떠났고, 십지十地의 보살 계위는 어디까지나 중생의 분별 따라 시설한 것일 뿐이며, 승의(勝義 ; 세속을 넘어선 진리의 뜻)로서는 그러한 차제次第가 없다는 『능가경』의 내용을 인용하고, 팔지보살은 일체행을 초과하여 무생법인無生法忍을 성취한 자리인데 팔지보살로 하여금 수행을 하도록 하였다는 말을 듣지 못하였다고 하였다. 그런데 현전하는 당역唐譯 『십지경』 9권과 구마라습 역의 『십주경』 4권에는 인도의 바라문승이 제기한 구절이 보이지 않는다. 『화엄경』의 60권본과 80권본에도 없다. 단지 이 불관不觀에 해당하는 내용으로는 각 경에 모두 나오는 "팔지보살이 되어 무공용無功用의 행이 모두 성취된다"는 구절이 가장 가깝다. 현전하는 한역 경전에는 없으나 인도의 바라문승이 보았던 범본梵本에는 그 구절이 있었을 수도 있다. 불관이란 무공용을 전제로 이루어지는 것이다. 무수지수無修之修에서 무수無修란 곧 무공용(無功用 ; 無作意)인 수修를 말하고, 무공용인 수가 없지 않아서 무수지수이고, 불관不觀의 관觀이다.

그런데 여기서 마하연이 변론한 내용 가운데는 다소 보완해야 할 부분이 있다.『화엄경』에 의하면 팔지보살八地菩薩에서 구지九地와 십지보살十地菩薩에 이르기 위해서는 대원력大願力·입여래지入如來智·복덕지혜의 성취·대원비심大願悲心·수순여래력隨順如來力·수순여래지隨順如來智·일체지一切知·자재력自在力 등을 비롯한 여러 행이 수반되거나 갖추어져야 한다. 단지 팔지보살 이상의 위位에서 이루어지는 행은 자비행원을 제외하고는 무생법인無生法忍을 증證하고 입여래지入如來智한 전제 위에서 이루어질 수 있는 행이다. 따라서 소요되는 위의 여러 행 또한 불관不觀 내지 후술하는 불행不行을 바탕으로 하는 행들이다. 불관不觀의 행은 유심唯心이고 일심一心이어서 무생無生이라는 리理를 요지하여야 할 수 있는 행이다. 분별을 떠났으니 불관이지만 억지로 분별하지 않는다고 하여 불관이 되는 것이 아니다.『능가경』(7권경) 게송품에 설한 바와 같이 단지 분별 일으키지 않는다고 해서 해탈이 아니고, 유심唯心임을 깨달은 각지覺智가 있어야 한다. 유심이고 일심이어서 마음이 본래 불관不觀임을 알아야 한다. 그렇게 깨달아 아는 것이 곧 이입理入이고, 아직 팔지보살이 안 되었어도 이입하였다면 불관不觀의 행이 가능하다. 유심을 아직 온전히는 통달하지 못하였지만 대승경전의 심의深義에 이입하였다면 그 요지한 의義에 따라 불관不觀의 행이 펼쳐지게 되는 것이다. 초지初地에서 십지十地까지는 이사무애

理事無碍가 완숙되어 가는 과정이어서 그 얕고 깊음에 따라 위차位次를 나누지만 그 행하는 바탕인 리理는 분별 떠난 진여眞如의 리理로서 다름이 없다. 그래서 『능가경』 게송품에 "보살십지가 초지이며, 보살초지가 팔지이고, 보살칠지가 팔지이나니, …… 무상無相인데 어찌 위차位次가 있겠는가?"라고 하였다.

이입理入을 위한 법문은 아직 이입하지 못한 범부 중생을 위해 설해진다. 또한 아직 이르지 못한 이들에게 이르도록 설하는 것이 법문이다. 불관不觀의 행을 위한 법문도 이제 그 행이 완숙하게 된 팔지보살을 위해서만 설해질 것이 아니다. 아직 법을 몰라 범부중생이지만 그 가운데는 대승근기로서 얼마든지 이 법을 듣고 이입하여 행할 수 있는 이들이 있을 수 있다. 다만 『십지경』에서 팔지보살이어야 불관不觀에 들어가 행한다 한 것은 팔지에서 무생법인(唯心이니 無生이라는 진리)을 증證하여 진정한 불관이 되는 까닭이다. 그러나 무공용無功用의 행 내지 불관不觀이 팔지八地 이전에는 전혀 이루어지지 않는다는 것은 아니다. 원만한 성취는 아니지만 초지初地 이상에서 이미 일부분의 무공용 내지 불관이 이루어진다. 요컨대 법을 듣고 자심自心에서 유심唯心과 무생無生의 뜻을 요지하였다면 불관의 행은 자연히 되어 가는 것이고, 동시에 이 불관의 법문은 유심과 무생의 뜻을 한층 뚜렷이 해준다. 여기에 각 법문이 혜慧의 증證을 상호 증장케 해준다는 뜻이 있다.

다음은 불행不行에 대해 설명한다. 불관不觀이고 불사不思의 행이니 당연히 불행不行의 행행이 된다. 마하연은 "불성佛性은 본래 있는 것이니 닦아서 이루어지는 것이 아니다"고 하였다. 이 법문은 여러 대승경전에 설파되어 있다. 또 『사익경』 제2에서 범천의 질문에 대해 부처님이 답하신 구문을 들고 있다. 그 요지는 다음과 같다. 보살이 제불諸佛로부터 어떠한 행으로 수기(授記 ; 미래에 성불할 것이라는 약속을 주는 것)를 받는가 하면, 불행생법不行生法, 불행멸법不行滅法, 불행선법不行善法, 불행불선법不行不善法, 불행세간법不行世間法, 불행출세간법不行出世間法, 불행유죄법不行有罪法, 불행무죄법不行無罪法, 불행유루법不行有漏法, 불행무루법不行無漏法, 불행유위법不行有爲法, 불행무위법不行無爲法, 불행열반법不行涅槃法, 불행견법不行見法, 불행문법不行聞法, 불행각법不行覺法, 불행지법不行知法, 불행시법不行施法, 불행사법不行捨法, 불행계법不行戒法, 불행인不行忍, 불행선不行善, 불행법不行法, 불행정진不行精進, 불행선不行禪, 불행삼매不行三昧, 불행혜不行慧 등의 불행不行이다. 제법諸法의 이상二相을 떠남, 신구의身口意의 업상을 떠남이 수기授記의 뜻이다. 석가모니불께서 과거 무량 아승지겁에 걸쳐 제불諸佛을 만나 가르침을 따르며 헛되이 세월을 보내지 않았으나 수기를 받지 못하였는데 그것은 행行에 의지한 까닭이었다. 나중에 연등불을 만나 수기를 받을 수 있게 된 것은 일체의 제행諸行을 넘어섰기 때문이었다. 일체의 유위법有爲法을 행하지 않음이 정행正行이고, 일체법을 불행不行함이 수법행(隨法行 : 진리를 따르는 행)이다. 왜냐하면 제법을 불행不行함이 정正이다·사邪다 하고 분별하지 않음인 까닭이다.

이러한 불행不行의 뜻은 매우 심오하여 근기가 이르지 못한 이는 사실 불법佛法을 알기 이전에 아무 행도 하지 않는 것과 구분을 못한다. 또한 여러 경전에서 필요성이 강조되어 있는 갖가지 행들도 불행不行한다는 것이어서 자칫 망설妄說이나 비불설非佛說로 매도되기 쉬운 법문이다. 그래서 당시 티베트에서 인도의 바라문승들은 이 법을 비불설非佛說이니 정폐停廢해야 한다고 주장하기에 이른 것이다. 이들을 이끌었던 적호寂護와 연화계蓮花戒도 대승경전을 많이 인용하며 논지를 펴고 있고 마하연도 마찬가지인데, 양자의 견해가 크게 엇갈린 것은 아무래도 그 뜻을 뚜렷이 깊이 통달한 면에서의 차등差等 때문일 것으로 생각한다. 마하연의 주장이 대승경전의 구절 인용을 통해 분명히 모두 입증되고 있다.

불관不觀, 불사不思와 마찬가지로 불행不行도 먼저 유심唯心과 일심一心을 요지하여야 행할 수 있는 법이다. 불행不行은 곧 분별 떠남이고, 분별 떠남이 진리를 따르는 행[隨法行]이라 하였는데『능가경』에 설한 바와 같이 분별 떠남은 유심唯心임을 요지하여야 이루어지는 것이다. 유심의 뜻을 온전히 안다면 자연히 불행不行의 행이 되어진다. 불성佛性은 본래 온전히 구족되어 있어, 무슨 특별한 행에 의해서 비로소 이루어지게 되는 것이 아니다. 무슨 특별한 행을 지어가는 것으로 성취하려는 것은 이미 닦아서 이루어지는 것이 아니라는(『非可修相』) 불성佛性의 도리에 어긋나는 것이기에 수기授記를 받을 수 없고, 성불하지 못한다. 그렇다고 해서 인연 따라 마땅히 행해지는 것까지 일부러 거부하고 불행不行하라는 것은 아니다. 만약 그렇게 일부러 불행不行하고자 한다면 불행이라는 행을 취하는 것이 되어버려 이미 불행이 아니다. 진실한 불행不行이란 분별을 떠남이라 하였으니 분별 떠난 가운데 일체행이 원만히 구족되는 것이고, 분별 떠난 가운데 하는 행이 없지 않아서 일체행이 없지 않다. 분별을 떠났다는 것은 이미 '행行이 있다', '행行이 없다'로 드러낼 수 없는 자리이다.

자심自心의 성품은 그 묘용이 한량없다. 분별 떠난 불행不行의 자리에서 그 묘용妙用이 온전히 발휘된다. 진정한 일체행은 바로 그 묘용 가운데서 나온다. 그런데 어찌 분별 떠나지 못한 자리에서의 무슨 행으로 그러한 묘용이 이루어지겠는가. 오히려 본래의 묘용을 방해하고 가리는 것이 되어버린다. 무슨 특별한 행으로 잠시 나타나는 증험들은 일시적이고 한정된 것이며, 원만하지 못하고, 그릇됨에 이르게 한다.

마하연은 대론對論의 끝에 이르길, "마하연은 일생 이래 오직 대승선을 수습하여 왔으니 법사가 아닙니다. 만약 법상에 대해 듣고자 하건데 (인도의) 바라문 법사들에게서 듣도록 하십시오. 마하연이 설한 바는 소론疏論에 의하지 아니하고 대승경문의 지시指示에 의거한 것입니다. 마하연이 수습한 것은 『대반야』·『능가경』·『사익경』·『밀엄경』·『금강경』·『유마경』·『대불정수능엄경』·『화엄경』·『열반경』·『보적경』·『보초삼매경』 등입니다"라 하였다. 세간에서는 선사禪師가 경전을 자주 인용하여 말하면 교리나 강의할 줄 아는 법사 정도로 여겨 버리는 경우가 많다. 요즘 한국불교계에서는 이러한 현상이 더욱 심한데 당시도 그러한 면이 있었던 모양이다. 후대로 갈수록 선사들은 경론의 인용을 회피해 왔다. 경론 대신에 알쏭달쏭한 선문답식 법문을 잘하여야 큰스님 대선사로 칭해졌다. 최상승선으로서의 달마선의 선지는 언어분별을 뛰어 넘는 자리로 직입하게 하는 돈법이지만 그렇게 이끄는 것은 결국 대승경전에 명쾌하게 개시開示된 법문에 의한다. 마하연이 이 대론에서 이 선법이 불설佛說임을 논증하기 위해 여러 대승경전을 많이 인용하여 말하였지만 그는 단순히 경론의 글귀나 설명하여 전하는 법사가 아니었다. 경론의 법상을 떠나 분별을 떠난 불행不行의 자리를 증證하고 있는 선사禪師였다. 같은 대승경전을 수습하고 있었지만 인도의 바라문승들은 불관不觀·불사不思·불행不行의 선지禪旨는 아직 얻지 못하고 있었다. 이 대론의 결말에 대한 어느 쪽의 기록이 진실한가가 문제가 아니라 양편의 견지見地를 각자가 이법理法과 행상行相에서 스스로 판단할 수 있는 안목을 갖는 것이 중요하다. 즉 양편의 주장이 지니는 나름대로의 타당성을 인지하면서 모순으로 생각되는 사항들을 회통할 수 있는 지혜가 중요한 것이다. 이 대론對論의 내용은 최상승선으로서의 달마선을 행하는 이들에게 그 위상位相과 자상(自相 ; 독자성)을 확인시켜 주는 좋은 자료이다.

제14장 심성을 알라識心見性
- 불기不起, 이견離見, 부동不動, 무심無心, 막망莫忘

번뇌의 원인은 무명(無明 ; 不覺)이고, 무명無明은 곧 미혹이니 지혜광명(반야)이 있어야 무명이 사라지고 번뇌에서 벗어난다. 화두나 염불에 열중하는 동안 다른 번뇌가 일어나지 않는다 하더라도 번뇌가 녹아지는 것이 아니다. 얼마동안 잠재되어 현상화가 안 되고 있을 뿐이다. 지혜는 심성을 알았을 때 나온다. 무명과 그로 인한 번뇌는 지혜의 빛을 받아야 녹아지기 시작한다. 그래서 달마대사는 이입理入을 강조하였고, 육조혜능은 "심성을 알라[識心見性]"(『단경』)고 자주 강조하였다. 『대승기신론』에서 진여의 일체공덕을 몇 가지로 나누어 설명한 가운데 "심성이 (본래) 생기生起함이 없음이 바로 (진여의 일체공덕 가운데 한 면인) 대지혜광명大智慧光明인 뜻이다", "심성이 견見함을 떠났음이 바로 (진여의 일체 공덕 가운데

한 면인) 법계를 두루 비춘다는 뜻이다", "심성이 동함 없기에 갠지스 강의 모래알 수보다 많은 모든 청정한 공덕상이 있게 된다는 뜻이 시현된다"고 하였다. 그래서 "심성이 생기함이 없고, 견見함을 떠났으며, 동함이 없다"는 진실을 자심自心에서 요지해야 이입이 되는 것이고, 지혜가 발하게 되는 것이다. 이는 앞의 글에서 자주 인용한 바와 같이 『반야경』에서 자주 설하는 바 "심心이 본래 지知함이 없고, 견見함이 없으며, 분별함이 없다"는 법문과 같은 뜻이다.

먼저 "심성이 생기生起함이 없다"는 것은 무슨 뜻인가.

『대승기신론』의 이 구절 앞에 "일체법이 본래 유심唯心이니 실은 염(念 ; 분별)함이 없는 것인데 망심妄心이 있게 된 것은 불각不覺으로 염이 일어나게 되어 모든 경계를 보게 되는 것이고, 때문에 무명無明을 설하는 것이다"고 하였다. 다시 말해서 실은 마음이란 일어남이 없는 것이라 일어난 것은 망심妄心일 뿐이고, 그 망심이 일어나게 되는 이유를 설하기 위해서 불각과 무명을 설하게 되었다는 것이다. 일어난 것은 망심妄心이고, 망심은 꿈과 같고 환幻과 같으며, 그림자와 같은지라 일어났으되 일어난 바가 없는 것이다. 그래서 『금강경』에 "만약 모든 존재의 상相이 비상非相임을 안다면 곧 여래를 봄이다"고 하였다. 망심은 곧 번뇌이고, 이 번뇌가 생기하였으되 생기한 바가 없음을 알면 곧 그 번뇌에 마음이 향하거나 없애고자 하거나 제어하고자 할 바도 없게 된다. 즉 그 망심에서 무심無心하게 되면 그대로 자동으로 심성 그 자리에 있게 된다. 또한 파도가 그대로 바닷물이듯이 번뇌나 망심 그대로 마음뿐임을 요지了知한다면 파도가 생겼다 없어져도 바닷물은 여여如如하여 본래 생멸함이 없듯이 항상 그대로 마음일 뿐이다. 마음일 뿐이라는 뜻은 곧 일심一心이어서 그 마음을 대상으로 이렇다 저렇다 분별할 자가 따로 없다는 것이다. 이러한 줄 알면 번뇌가 번뇌 아니고 망심妄心이 망심이 아니다. 번뇌 그대로 보리[覺, 一心]이기에 각해일미覺海一味일 뿐이다. 이러한 뜻으로 알아 들어감이 돈법頓法이고 달마선 내지 능가선의 선지이다.

심성心性 그 자리에는 일체가 모두 심心일 뿐인지라 무엇이 생기하고 생기하지 않고의 양자를 얻을 수가 없다. 『대승기신론』에 "심성이 생기하지 않음이 곧 대지혜광명의 뜻이다"고 하였다 하여 "심성이 생기하지 않는다"는 상을 낸다면 이 또한 선지에 어긋난 것이다. "심성이란 본래 생기함이 없다"는 선지禪旨를 제대로 알았다면 동시에 "심성이 본래 생기함이 없다"는 생각도 지니거나 얻을 바 없음을 알아야 하고, 실수實修에서 그렇게 이행되어야 한다. 그래서 『대승기신론』에 "고요하여 의거할 바가 없나니 확 트여 걸림 없다[蕭焉靡據 蕩然無碍]"고 하였다. 어떤 법문이든 그 법문에 의거함이 있거나 걸림이 있다면 아직 달마선의 선지에 이르지 못한 것이다. 후대 여러 선사들의 선문답 가운데 일부는 여기에 걸린 상대를 위해 그 사실을 자각시키기 위한 것이었다.

어떤 법문에 의지해 수행하다가 차마 그 법문을 놓아버리지 못하기 쉽다. 이 법상의 장애를 해소시키고자 '불립문자 견성성불不立文字 見性成佛'이나 '사교입선(捨敎入禪 : 교를 버리고 선에 들어간다)'과 같은 명구名句도 나오게 된 것이지만 이 명구들은 이러한 대승의 심의深義를 학습하지도 아니한 채로 교리공부를 등한시하고 도외시해 버리는 현상을 가져왔다. '불립문자 견성성불'의 뜻은 언어문자상으로 개시開示된 법상에 향하거나 전념하는 행에 의하지 아니하고 바로 자심自心에서 심성을 요지하여 성불한다는 것이다. 견성이란 심성을 깨달아 안다는 뜻이다. 공空, 열반 등 언어로 된 법상에 향하고 있으면 자심의 당처當處에 있지 못하고, 심성心性을 요지하기 어렵게 된다. 그래서 달을 보려면 달을 가리키는 손가락을 버리라고 한다. 또한 화두 드는 것을 '사교입선'으로 오해하는 풍조도 나왔는데 위의 선지에 의한다면 화두를 들고 의정疑情에 전념하는 행은 선지에 어긋나고, 그러한 식의 행이 되어지지도 않는다.

그런데 근래 한국에서는 공空, 열반 등 기본 교법을 제대로 이해하기도 전에 교를 버리라 하고, 교가 선에 방해된다고 한다. 그러나 교를 알아야 진정으로 교를 버릴 수 있고, 넘어설 수 있다. 교를 알아야 이입理入이 되고, 진정한 선禪도 이루어질 수 있다. 단지 교리를 깊고 원만하게 이해하지 못한 경우에는 그 법상에 향하거나 집착하고 매이게 되어 더 진취하는데 방해가 되어버린다. '사교입선捨敎入禪'에서의 선은 선정을 말하는 것이 아니라, 법상에 향하거나 매이는 것을 버려야 진정한 수행으로서의 선이 된다는 뜻이다.

오직 마음일 뿐[唯心]이고 일심이라는 달마선 내지 자성선自性禪의 선지禪旨에 의하면 마음으로 마음을 어떻게 하는 행은 되어질 수가 없는 것이다. 요컨대 대승의 법문에 의하면 의지하던 그 법문도 놓아버려야 그 법문의 뜻을 제대로 이행한 것이 된다는 것을 분명히 알아야 한다. 진여 실상實相은 곧 본체 또는 심성을 말한 것이거니와 본체나 심성은 생각이나 집중의 대상이 될 수 없는 것이다. 『능가경』에 "분별 떠남이 곧 진여다"고 하였거니와 마음을 진여실상에 향하거나 집중하고 있다면 이는 진여실상이라는 분별에 떨어져 있는 것이니 출발부터가 잘못된 것이다. 진여실상은 처소處所가 없어서, 어디에만 있고, 어디에는 없는 것이 아니다. 그러하니 특별히 진여실상이라 하여 향할 바가 있겠는가. 본체에 대한 생각까지 놓아버리면 그 자리가 바로 본체가 되어버린다. 이렇게 되어야 자성선自性禪이다. 이것이 자성이고 진여실상이라고 하여 붙잡거나 향하고 있다면 이미 자성과 진여실상의 뜻에 어긋나 있는 것임을 알아야 한다. 자성과 진여실상 또는 본체 내지 심성心性은 분별을 떠난 자리이고, 언어도단言語道斷이며 심행처멸心行處滅의 자리이고, 대상이 될 수 없는지라 얻거나 향하거나 할 것이 아니다. 그런데도 불구하고 이에 향하거나 붙잡고 나아가는 수행은 반야선 내지 달마선(능가선)이 될 수 없다. 그렇다고 하여 이러한 심법心法을 모르는 범부와 같은가 하면 그렇지 않다. 심성이 생기하지 않는 뜻이 구현되고 있는 까닭이다. 심성이 생기하지 않되 생기하지 않는다는 생각도 할 바 없음이 곧 유무중도有無中道이다. 진여실상에 향함이 없되 진여실상의 뜻이 없지도 아니함이 유무중도이다. 이렇다 하여도 여법如法하고, 저렇다 하여도 여법如法하여 진리에 어긋남 없음이 유무중도有無中道이다. 이렇지 않다고 물리치고, 저렇지 않다고 물리치면서 걸림 없음이 유무중도이다. 모두 다 받아들일 수 있고, 모두 다 버릴 수 있음이 유무중도이다. 바로 이러한 유무중도의 뜻이 자심에서 구현되어야 달마선의 선지를 요달了達하였다고 할 수 있다.

신라 출신 선종 조사 정중무상淨衆無相, 684-762의 삼구三句 법문 '무억(無憶 ; 戒)·무념無念 ; 定·막망(莫忘 ; 慧)' 가운데 막망(莫忘 ; 잊지 말라)의 행만 자연히 이루어지면 된다. 진여실상에 향하거나 쏠려가는 행이 아니라 진여실상임을 잊지만 않고 있을 뿐이다. 두 가지 행의 차이를 잘 알아야 한다. 마음 수행에 있어서 조그마한 차이가 엄청난 차이를 초래한다고 경고하는 뜻을 명심해야 한다. 막망莫忘이 계정혜戒定慧 삼학三學 가운데 혜에 해당하고, 혜가 되는 것은 곧 심성을 요지하고 있는 까닭이다. 한편 혜慧는 곧 관觀이지만 선종의 관은 대상에 향하거나 쏠려가는 행이 아닌 까닭에 절관絶觀이라 하고, 절관이라 하여 아무 행도 하지 않는 것이 아니라 막망莫忘의 행(잊지 않고 있는 행)이 이어지고 있다. 이 '잊지 말라'는 행은 바로 앞의 2구 '생각을 지니지 말라[無憶]'와 '무념無念'이 전제되어 있다. 즉 앞의 2구를 만족하는 '잊지 말라[莫忘]'의 행이 되어야 한다. 그래서 자연히 꽃 피어나듯 그렇게 뚜렷이 알고 있을 뿐이다. 이 '잊지 말라'는 행은 앞의 두 행이 어느 정도 이루어져야 제대로 이행될 수 있는 행이다.

다음으로 "심성이 견見을 떠났다"라고 함은 무슨 뜻인가.
"견見을 떠났다"라는 말은 견見에서 견見함을 떠나 있다는 말이다. 마음이 본래 무심無心하다는 뜻과 같다. 화내는 상相, 즐거워하는 상 등등 싫든 좋든 다 마음에서 견見하게 되는 것은 마음이 본래 무심하기 때문이다. 만약 마음이 무심하지 않다면, 거울의 표면이 찡그러지면 상을 비치지 못하는 것과 같이 마음이 아무것도 비추지 못할 것이다. 거울이 앞의 물체를 그대로 비춤은 거울이 본래 무심하여 그 표면이 찡그러지거나 흔들림이 없기 때문이다. 마음도 마찬가지로 번뇌 속에 흔들리고 괴로워하고 즐거워하지만 실은 괴로워하고 즐거워하는 그 당념當念의 심성心性은 거울과 같아 즐거워하고 괴로워함에서 떠나 있는 것이다. 바로 당념에서 이러함을 알면 진여문에 곧바로 들어가는 것이다. 그래서 『대승기신론』에

마음을 능히 관찰하여 마음이(심성이) 무념無念임을 안다면 곧 수순하여 진여문에 들어갈 수 있다.

고 하였다. 『육조단경』에서 자주 강조하는 것도 "심성을 알라[識心見性]"와 무념無念이다. 그런데 무념이라 하니 자칫 마음을 무념無念하게 하는 가르침인 줄 착각하기 쉬우나 그것이 아니고 심성心性이 무념임을 요지了知하라는 가르침이다. 본래 당념當念이 그대로 무념임을 요지하는 것이지 당념의 염念을 제거하여 무념이 되게 하는 행이 아니다. 또는 화두나 염불 등에 집중하여 다른 염이 일어나지 않게 하는 행으로 무념을 이루라는 가르침도 아니다. 이렇게 하는 행은 달마선(능가선) 내지 자성선自性禪과 반야선이 될 수 없다. 마음이 무심無心하여 견見함에서 떠났으니 곧 이것이 "법계를 두루 비추는 뜻[遍照法界義]"(『대승기신론』)이라고 하였다. 즉 앞의 거울의 비유에서와 같이 마음이 견見함에서 떠난지라 일체를 다 비출 수 있는 것이다. 돈황에서 발견된 초기 선종 법문 가운데 『무심론無心論』이 있다. 여기에 다음의 문답이 있다.

> 제자가 화상께 묻는다. "마음이 있는 것입니까, 없는 것입니까?"
> 답한다. "무심無心이다."
> 묻는다. "이미 마음이 없다 하셨는데, (그렇다면) 누가 능히 보고 듣고 생각하고 (知覺하고) 아는 것이며, 누가 마음이 없다고 아는 것입니까?"
> 답한다. "도리어 마음이 없으니, 보고 듣고 생각하고 아는 것이며, 도리어 마음이 없으니, 능히 마음이 없음을 안다."[65]

견見함을 떠났기에 법계를 모두 다 두루 견見할 수 있다는 뜻도 이와 같다. 위 문답에 이어 또 다음의 문답이 있다.

묻는다. "이미 능히 보고 듣고 생각하며 안다면 곧 마음이 있다는 것이 되는데, 어떻게 없다고 할 수 있습니까?"
답한다. "단지 보고 듣고 생각하며 아는 것일 뿐, 그대로 무심無心이다. 보고 듣고 생각하며 아는 것을 떠나 어디에 다시 따로 무심이 있겠는가.66

즉 보고 듣고 생각하는 바로 그 당처 당념이 그대로 무심無心이라는 뜻이다. 견見을 떠났다는 가르침도 마찬가지로 견見하는 바로 그 당처當處가 견見을 떠났다는 뜻이며, 또한 견見을 떠났기에 견見함도 있을 수 있다는 것이다. 그래서 위 문답의 답변에서 바로 이어 "보는 것이 보지 않음에 연유하니 보는 것 또한 무심無心이다. 종일토록 듣더라도 듣는 것이 듣지 않음에 연유하니 듣는 것 또한 무심이다"고 설명한다. 보고, 듣고, 생각하는 당처 당념 외에는 아무것도 없어 당처의 당념을 따로 분별할 바 없으니 무심無心이고, 무심이되 당처의 당념이 없지 않아서 유무중도有無中道이고, 무심이

---

65 박건주 譯解, 『선과 깨달음-초기선종법문해설』, pp.190-191(서울, 운주사, 2004)

66 앞의 책, p.192.

라는 상相에 걸림도 없다.

이러한 뜻을 당념 당처에서 요지하는 것이 곧 수행이고 그밖에 다른 수행이 있는 것이 아니다. 그래서 『무심론無心論』에서는 다음과 같이 설한다.

> 묻는다. "지금 마음에서 어떻게 해야 수행이 되는 것입니까?"
> 답한다. "일체의 사상事上에서 무심無心을 깨달음이 곧 수행이지 이외에 따로 수행이 있는 것이 아니다. 까닭에 알라. 무심이 곧 일체이고, 적멸이 곧 무심이다.[67]

이러한 행이 곧 반야바라밀이고, 반야바라밀이 되면 가장 뛰어나고 완전하며 영원한 삼매[定]도 이루어지게 된다. 그 삼매는 따로 삼매라 할 바도 없다. 그래서 정혜불이定慧不二의 행이라 한다.

다음으로 "심성이 동動함이 없다"는 무슨 뜻인가.

앞에서 이미 설명한 바 심성이 생기함이 없고, 또한 견見을 떠나 있는 까닭에 이 뜻을 안다면 당연히 심성이 동하는 바도 없음을 아울러 알 수 있다. 마음이 본래 공적空寂하며 무심無心한지라 동함도 없다. 일체의 사상事上에서 마음이 동함이 없는 까닭에 일체의 사상事相이 현현되는 것이다. 아무리 큰 괴로움의 소용돌이에 처해

---

[67] 앞의 책, p.198.

있다 하더라도 그 괴로움이 현현되는 것은 실은 마음이 동하지 않고 있기 때문이다. 이 또한 앞의 거울의 비유를 통하여 쉽게 이해할 수 있다. 심성心性이 움직임 없는 까닭에 일체의 사상事相이 현현하니 이것이 곧 진여의 청정한 공덕상이다. 그래서 『대승기신론』에 "심성이 동함 없기에 갠지스강의 모래알 수보다 많은 모든 청정한 공덕상이 있게 된다는 뜻이 시현示現된다"고 한 것이다. 단지 심성이 동함이 없음을 증證하지 못하고, 동함 없음에 안주하지 못하고 있다면 망심妄心의 동동에 있는 것이라, 망심이며 번뇌라 한다. 그러나 동함 없음에 안주하고 있다면 일체의 사상事相이 청정 미묘하여 그대로 진여의 공덕상이다.

『무심론無心論』에 또 다음과 같이 설한다.

십주十住보살은 수심修心하되 마음을 망령되이 있다 하고, 무심無心에 들고자 하며, 또한 저 무無와 유有를 모두 버린 불망不妄의 진실한 중도中道가 되지 못하니, 역시 아직 태(太 ; 지극히 큼)가 아니다. 또한 망妄인 유有와 무無, 그리고 중도의 삼처三處가 모두 다 적멸하여야 묘각妙覺의 위位가 되는 것이다. 보살은 이 삼처를 비록 버렸으나 묘妙한 바에 능하지 못하거나〔上位의 보살〕, 묘妙하지 못하니〔下位의 보살〕역시 아직 태太라 하지 못한다. 또한 그 묘妙도 잊어버리면 이것이 곧 불도佛道의 지극至極이며, 사량분별을 넘어선 자리이다. 사량분별이 없게 되면 사려思慮가 없게 되고,

아울러 망심妄心의 지智도 영원히 사라지며, 각조覺照도 모두 적멸하게 되어 적연寂然 무위無爲하나니, 이를 이름하여 태太라고 한다. 태太는 리理가 지극하다는 뜻이고, 상上은 비할 바 없는 최상無等等이란 뜻이다. 까닭에 태상太上이라 하는 것이니 곧 불佛 여래如來의 별명이다.[68]

유有와 무無, 그리고 중도中道의 삼처가 다 적멸寂滅함이 곧 유무중도有無中道이다. 그리고 심성이 부동不動함이 곧 '각조覺照도 모두 적멸하게 되어 적연무위寂然無爲하다'에서의 '적연무위'함이다. 즉 부동인 심성에 계합하기 위해서는 각조가 모두 적멸해야 한다. 그런데 각조가 적멸하게 되려면 먼저 당처當處 당념當念이 본래 적멸인 것임을 요지해야 한다. 대승 심의深義나 심성心性을 요지하였다 하더라도 아직 각조가 남아 있으면 보살이고, 각조까지 적멸되면 불佛이다. 그리고 앞 회에서 설명한 바와 같이 공용功用 가행加行의 각조覺照가 남아 있으면 방편위方便位이고 그 최상위는 보살제7지이며, 무공용無功用의 각조覺照가 되는 위位는 보살제8지부터이다.

위 법문은 자신의 수증修證상의 위치를 점검하여 향상하는데 귀중한 지침이 된다. 행자는 가능한 한 이러한 향상向上법문을 자주 접하여 진전 없이 제자리 맴도는 상태에서 벗어나 자신을 업그레이드 하여야 짧은 일생 동안에 진전과 성취를 이룰 수 있다.

---

68 앞의 책, pp.203-4.

자신을 업그레이드 하기 위해서는 먼저 해解가 깊어지고 넓어져야 한다. 근래 한국불교계에서는 전념專念 위주의 선정행禪定行을 치우치게 강조하고, 해解를 통한 향상문向上門을 소홀히 하거나 도외시하고 있다. 수만 겁의 선정행으로 큰 선정을 이루었다고 하더라도 이 공덕보다 대승을 설하는 자리에 앉아 잠깐이라도 법문을 듣고 조금이라도 해解한 공덕이 비할 바 없이 더 크다고 여러 경전에서 강조하고 있다. 특히 달마선의 정혜무이定慧無二 선법은 해解와 오悟를 전제로 이루어질 수 있는 문이다. 그래서 달마대사는 이입理入이 먼저 되어야 한다고 하였고, 금타화상은 상사각相似覺을 먼저 얻어야 한다고 하였다.(『금강심론』) 모두 같은 뜻이다.

불위佛位에서 적연무위寂然無爲함은 곧 심성이 생기한 바 없고, 견見을 떠났으며, 부동不動하다는 법문과 같은 뜻이다. 심성이 본래 이러한지라 한량없는 공덕을 갖춘다. 『대승기신론』에서 설명하고 있는 바와 같이 만약 마음이 견見함을 일으키면 견見하지 못하는 상相이 있게 되어버린다. 견見을 떠나지 못하였다면 어느 것을 견見할 때에 다른 것은 견見하지 못하게 되어 법계를 두루 다 비출 수가 없게 되어버린다. 그러나 진여는 본래 법계를 두루 다 비추는 공덕을 다 갖추고 있다. 『대승기신론』에서는 진여 자체에 '대지혜광명大智慧光明', '변조법계(遍照法界 : 법계를 두루 다 비춤)', '진실식지(眞實識知 : 일체의 진실을 모두 앎)', '자성청정심自性淸淨心', '상락아정常樂我淨', '청량하고, 변함없으며, 자재함' 등 일체의 공덕이 본래로 만족되어 있음을 설하고 있다. 선禪을 공덕총림功德叢林이라고 함은 곧 심성(心性 ; 眞如)에 구족되어 있는 한량없는 공덕에 가장 빠르고 쉽게, 원만하고 온전히 이를 수 있게 하는 까닭이다.

단지 여기서 말한 선은 전술한 바와 같이 선정의 선이 아니라 이입理入을 통한 반야선이고, 최상승선인 달마선(능가선)을 말한다. 선종 이전에도 여러 계통의 선법이 있었으나 달마 계통이 선의 종宗이 된 것은 그 선법이 정혜무이定慧無二의 최상승선이었기 때문이다. 즉 선정 위주의 전념행專念行도 아니고, 교학(敎學 ; 義學) 내지 강학講學과 주석註釋에만 몰두하는 행도 아니되, 좌선의 중요성도 강조하고, 교학의 중요성도 강조하였다. 이조 혜가는 "시방十方의 모든 부처님 가운데 만약 한 분이라도 좌선에 의하지 아니하고 성불한 분이 있다는 것은 도저히 있을 수 없는 일이다"고[69] 하였고, 달마대사는 혜가에게 중관中觀과 유식唯識을 회통會通하여 심지心地법문을 개시開示한 『능가경』을 전하였으며, 이후 여러 제자들은 『능가경』을 주석하였다. 『능가사자기』에서 초기 조사들은 간략한 법문에 십여 가지의 대승경론을 인용하고 있으며, 전회에서 언급한 마하연선사는 갖가지 대승경론을 인용 해설하고 나서 자신은 법사法師가 아니고 선사禪師라고 하였다. 요컨대 일체의 교의를 회통해야 선사라 칭할 수 있다는 뜻이고, 그 회통은 자심自心에서 명증되어

---

[69] 박건주 역주, 『능가사자기』, 서울, 운주사, 2001, p.95.

야 가능한 것이다. 자심에서 그 교의가 명증되기에 그 교의가 곧 선지가 되고, 교선일치가 된다. 달마선 또한 교선일치의 법이고, 교선일치가 되어야 정법이다. 자심自心의 당처當處에서 심성이 생기함 없고, 견見을 떠났으며, 동動함 없음을 요지了知하는 행은 그대로가 교선일치의 행이고, 정혜무이定慧無二로 직행하는 행이다.

제15장 한국 선법禪法의 초조初祖 원효대사

- 구종주심九種住心, 직심直心, 벽관壁觀, 즉심卽心
- 망심忘心

앞의 글들에서 종종 언급하였지만 달마선(초기선종의 선법)은 무공용無功用의 무수지수無修之修 행법 내지 그에 이르게 하는 행법이다. 무공용의 행이 이루어지기 위해서는 우선 이입理入이 되어야 하고, 이입이 되었다 하더라도 바로 무공용이 이루어지는 것이 아니라 보살제8지인 부동지不(動地 ; 不退轉地)에 이르러야 성취된다. 그 이전에는 아직 가행加行과 공용功用이 있어 방편행方便行을 떠나지 못하였다고 말한다.

이러한 내용은 여러 경론에서 볼 수 있지만 그 중에서도 뚜렷이 드러내고 있는 경론이 『대승기신론』과 원효대사의 『대승기신론 소·별기』이다. 『대승기신론』이 중국 선종과 밀접한 관련이 있다는 것은 여러 연구자들이 이미 지적하였다. 특히 『대승기신론』은 『능가경』을 바탕으로 논지를 편 것이고, 원효는 『능가경』에 대한 5종의 주석서를 저술하였다. 달마선이 『능가경』에 의거한 소위 능가선이고, 그 『능가경』을 5가지로 주석하여 한국에 소개한 분이 원효대사이다. 또한 금타화상의 『금강심론』에 원효대사는 팔지八地보살이라 하였는데 사실 그의 여러 글과 행적을 살펴보면 팔지보살이라 함이 지극히 당연하다.

이러한 사실에 입각하면 한국 선법의 초조는 원효대사이다. 도선道宣은 달마선법을 요약하길, "망언忘言·망념忘念·무득無得의 정관正觀을 종宗으로 한다"(『속고승전』법충전)고 하였거니와 원효의 여러 글에서 설파하고 있는 선지도 바로 이것이다. 이를테면 그의 『열반경종요』에 "극과(極果 : 妙覺)의 큰 깨달음이라 함은 실성實性을 체득하여 마음을 잊는 것이다[忘心]"고 하였는데 바로 이 마음을 잊는다고 하는 것이 달마선의 핵심 요의이다. 마음은 본래 무엇을 한다고 함이 없다. 그래서 이 자리에 든 부처님은 성도成道에서 열반에 이르기까지 하나의 법문도 설한 바가 없다고 하는 것이다. 또 원효는 같은 글에서 "이것(극과)은 리理와 지智를 모두 잊어버리고, 이름과 뜻이 아주 끊어진 것이니 이것을 열반의 그윽한 뜻[玄旨]이라 한다"고 하였는데 이것이 바로 말을 잊는다[忘言]는 뜻이다.

근래 한국불교계 일부에서 간화선(화두선)을 한국 선법의 정통이라고 말하고 있는데 이는 상식을 벗어난 발상이요 사실을 무시한 억지 주장에 지나지 않는다. 간화선을 하지 않았던 원효나 통일신라

기의 구산선문九山禪門의 존재가 분명히 있는데도 이를 무시하는 것은 참으로 잘못된 일이다. 단지 선문구산禪門九山의 첫 전입자傳入者를 선법의 초입初入이라 할 수는 있겠으나 달마선은 대승경론의 심의深義에 의한 선지禪旨이고, 그 심의深義을 자심自心에서 증입證入하였다면 바로 그 주인공에게 그 선지가 전해진 것이니, 원효가 비록 중국의 어떤 선사로부터 법을 받아 온 것은 아니어도 이미 스스로 경론을 통해 그 법을 통달 증입하였다면 그 법이 그에게 전해진 것으로 보아야 한다. 가장 뛰어난 근기는 바로 경론을 통해서 이심전심以心傳心으로 불조佛祖의 법을 전해 받는 자이다. 원효가 바로 그 대표적인 사례이다.

『대승기신론』은 이입理入이 되어 호흡과 사물 및 견문각지見聞覺知의 대상에 의지한 행법을 버리고 사마타행[止]을 닦아 무공용無功用을 성취하여 진여삼매에 이르는 아홉 단계[九種心住]의 사마타 과정을 설하고 있는데, 이에 대한 원효의 자세한 해설을 여기에 소개하여 선법과 그 성취 과정에 대한 일목요연한 안목을 갖는데 일조하고자 한다. 원문을 의역意譯하여 해설을 덧붙이는 형식을 취한다.

첫 단계는 내주內住이다. 오직 자심自心뿐임을 알아 호흡과 여러 바깥 사물 및 견문각지見聞覺知의 육진(六塵 : 색성향미촉법)에 의지한 행법이나 이들 대상에 끌리는 데서 벗어나 바깥 대상에 의지하지 않으니 내주內住라 한다. 소위 육묘법문六妙法門이라 하여 부처님께서 성도한 행법인 수數·수隨·지止·관觀·환還·정淨의 여섯 단계 가운데 처음의 수數와 수隨는 호흡에 의지한 행이다. 주지하다시피 수數는 호흡을 들숨 또는 날숨을 셈하는 것이고, 수隨는 물처럼 흐르는 호흡을 그대로 관찰하며 따라가는 행이다. 이 수隨의 행이 익어지면 머무름 없이 흘러가는 호흡 따라 마음도 머무름 없게 되어 마음과 호흡이 함께 고요해지고, 나아가 호흡이 있는 듯 없는 듯하게 되어 의지할 호흡이 감지되지 않는 지경에 이르게 된다. 이렇게 되면 자연히 호흡에 의지함이 없이 다음 단계인 지止의 단계로 나아가는 것이다. 호흡은 감지되지 않지만 아직 심상心想의 움직임과 흐름은 있기 때문에 이에 의거한 행이 시작되는 것이다. 이러한 행법이 곧 소승 점법漸法의 앞 단계이다. 그런데 이『기신론』의 법문에서는 첫 단계에서부터 일체의 경계가 오직 자심일 뿐임을 알고[知唯自心] 행한다는 것이 전제되어 있다. 따라서 호흡이나 바깥 대상 내지 견문각지見聞覺知에 의지함이 없는 행이 이루어지게 된다. 즉 대승의 사마타행은 바로 일체가 오직 마음일 뿐이라는 이입理入이 전제되어 시작되는 것이다. 일체가 오직 마음일 뿐임을 요지한지라 마음이 바깥 대상에 향하지도 아니하고, 색성향미촉법의 심상心想에도 끌리지 아니하게 되니 이를 내주심內住心이라 한다. 대승의 선법은 일단 이러한 법과 행이 갖추어져야 한다.

둘째 단계는 등주等住이다. 비록 앞의 내주內住에서 호흡 등의 상相은 넘어섰지만 아직 심상心想의 움직임이 거칠다. 그래서 오직 마음일 뿐임을 염념念念이 이어가고[相續方便], 한 생각 한 생각에 맑혀가는 행[澄淨方便]을 통하여 상념을 미세하게 하고 생각 따라 이를 제거하며, 이리저리 치달아 가는 상념을 제거하는지라 이를 등주等住라 한다.

  셋째 단계는 안주安住이다. 앞에서 비록 밖으로 치달아 가는 상념은 제거하였으나 안으로는 상념을 제거하고자 하는 상(想 ; 能除之想)이 있다. 이렇게 내상內想이 멸하지 아니하고 있으면 밖으로 치달아가는 생각이 다시 일어나게 된다. 이 까닭에 내內에서 안주安住할 수 없게 된다. 이제 이 상념을 제거하고자 하는 생각도 버려서 내內에 어떠한 생각도 자리 잡고 있지 않으니 능히 밖을 잊으며, 밖을 잊으니 고요함에 이른다. 그래서 이 단계를 안주라고 이름한다. 대개 열심히 수행한다고 하면서 이 단계를 넘지 못하는 경우가 많다. 이 행의 전제가 되고 있는 일체가 오직 마음일 뿐이라는 뜻은 곧 능(能 ; 주관)과 소(所 ; 객관, 대상)가 따로 없다는 것이다. 즉 유심唯心의 뜻은 곧 일심一心이다. 그래서 유심에 철저하다면 당연히 마음에서 무엇을 제거하고자 하는 마음을 일으키거나 가질 수가 없는 것이다. 이렇게 알아서 상념을 제거하고자 하는 상념도 버릴 수 있게 된다. 공空·무상無相·무원無願의 삼해탈三解脫에서 무원無願의 뜻이 바로 이것이다.

  넷째 단계는 근주近住이다. 앞의 마음 수행을 한 힘으로 말미암아 내외의 모든 것이 본래 생각하는 자[能想]도 없고, 생각할 수 있는 것[可想]도 없음을 뚜렷이 알게 됨에 따라, 염념念念이 불생不生이고 불멸不滅임을 관찰 확인해 간다. 이렇게 자주 생각하며 관찰하여 염에서 멀리 떠나지 않으니, 멀리 떠나지 않는 주住라는 의미에서 근주近住라고 한다. 아직 깨달은 이법理法에 반하는 여습餘習이 남아 있는 까닭에 염념이 불생이고 불멸이라는 염念을 공용(功用 ; 힘을 들여 하는)의 방편으로 잊지 않는 행이 필요하다. 공용의 방편을 떠나지 못한 까닭에 무공용의 본 자리에 머무는 것이 아니어서 근주라고 이름한 것이다.

다섯째 단계는 조순調順이다. 앞의 안주와 근주의 행에 의하여 바깥 대상이 잘못된 것이고 환(患 ; 병통)임을 깊이 알게 된지라 그러한 상들이 잘못된 것이고 환患이라는 생각을 취하니 그 생각의 힘으로 말미암아 마음이 밖으로 흩어지지 않게 한다. 이와 같이 밖으로 향해 흩어지는 마음의 여습력餘習力을 조순하게 하는지라 이를 조순調順이라 이름하였다.

여섯째 단계는 적정寂靜이다. 앞의 행을 통해 조순이 되었지만 불현듯 자주 여러 분별상이 일어나 마음을 발동하게 한다. 이에 응하여 다시 앞의 조순행調順行에 의하여 그러한 상들이 잘못이고 환患이라는 생각을 더욱 분명히 하여 가면 이 생각하는 힘으로 인하여 흔들리는 마음이 일어나지 않게 된다. 그래서 적정이라고 이름하였다.

일곱째 단계는 최극적정最極寂靜이다. 여기에는 두 가지가 있다.

① 비록 적정寂靜이 이루어졌지만 잠시 실념失念하여 마음이 잠시 밖의 경계로 치달아 가 흩어질 수 있다. 이때 마땅히 마음을 추슬러 거두고, 오직 마음일 뿐 바깥 경계는 없는 것임을 뚜렷이 염念한다. 이러한 염의 힘으로 바깥 경계를 감촉하지 않게 된다. ② 위의 적정이 이루어진 가운데 잠시 실념失念하여 내심內心, 즉 마음으로 무엇을 어떻게 하고자 하는 마음(이를테면 앞의 能除之心)이 있게 되면 이 마음 또한 자상(自相 ; 自體, 自性)이 없어 염념念念이 얻을 수 없음을 뚜렷이 염하여 간다. 이렇게 닦는 힘으로 말미암아 살펴 알면 바로 그 내심을 토吐해 내게 된다. 이렇게 하여 앞의 행을 통해 바깥 경계를, 이 행에 의해 내심을 토해 내어 감수感受하지 않게 되니, 비로소 최극最極의 적정이 이루어진다.

여덟째 단계는 전주일취상專住一趣相이다. 이는 상념常念의 방편으로 수순하여 관찰하는 행이다. 상념이란 곧 잠시의 틈도 없이[無間] 놓치지 아니하는[無缺] 정심定心이 이어지는 것을 말한다. 이를 방편이라 함은 아직 공용功用의 가행加行이 있는 까닭이다. 여기서 일취상一趣相이란 새어나가거나 굴곡되거나 흔들림 없이 한결같이 이어지는 마음이다. 신수대사가 입적하면서 남긴 말씀이 "굴곡된 것을 바르게 세우라[屈曲直]!"(『능가사자기』 신수의 장)이다. 이것이 곧 직심直心이고, 직심은 『화엄경』과 『유마경』 등에서 보살에게 요청되는 행으로서 자주 설해지고 있다. 또한 『속고승전』 권20의 논찬에서 저자 도선道宣이 달마대사의 선법을 "대승의 벽관壁觀으로서 그 공업功業이 최고다"고 하였는데, 여기서 말한 벽관의 행도 바로 직심直心과 같다. 이 직심과 벽관을 자칫 한 생각을 잡고 이어나가는 것으로 생각하면 잘못이다. 유심唯心과 요지了知한 심성의 뜻이 여일如一하게 유지되고 구현되어 가도록 하는 행을 말한다. 어떠한 한 생각을 잡고 있는 것은 이미 유심과 일심, 그리고 심성의 뜻에 어긋난다. 그래서 달을 가리키는 손가락을 버려야 달을 볼 수 있다고 한다. 이미 최극最極의 적정寂靜을 이룬 가운데 유심의 뜻이 명료하게 이어지는 행이다. 이렇게 하는 행이 익어지면 득주得住하게 된다고 하였다. 득주란 항상 유심의 뜻에 머물 수 있다는 뜻이다.

아홉째 단계는 등지等持이다. 앞의 수습력修習力이 익어짐으로 말미암아 이제는 가행加行도 없고, 힘을 써서 하는 마음도 없게[無功用心] 되며, 마음이 침잠되거나 가벼이 떠다니는 것을 멀리 떠나고, 임운任運하게 된다. 그래서 등지等持라고 이름한다. 바로 이 등지의 심心이 진여상에 주住하는 것인 까닭에 진여삼매에 들어갔다고 한다. 단지 여기서 주의해야 할 사항은 진여상에 주住한다고 하여 진여라는 상相을 견見함에 주한다는 것이 아니라는 것이다. 두세 단락 뒤에 이어지는 『기신론』 본문에 "진여삼매란 상相을 견見함에 머무름이 없으며, 상相을 얻음에 머무름도 없다"라고 하였다. 즉 진여라는 별다른 상相이 있어서 이를 견見하거나 잡고 있는 것이 아니고, 어떠한 상相을 견見함이 없는 그대로가 곧 진여에 머무름이라는 뜻이다. 이 뜻을 잘 알아야 한다. 그렇지 않으면 무상無相인

진여를 유상有相의 것으로 염念하는 꼴이 되어버린다. 분별 떠남이 진여라고 하는 『능가경』의 가르침을 놓쳐서는 안 된다. 진여라는 한 생각에 전념하는 행이 아니라 유심唯心과 진여의 뜻을 요지了知하고 그 뜻에 따라가는 행이 정법正法이고 달마선이다. 그래서 진여라는 생각을 버릴 줄 알아야 한다. 진여라는 생각은 곧 그 이름을 상념하는 것이니 달을 가리키는 손가락일 뿐이다. 손가락을 버려야 달을 본다. 진여라는 생각도 진여라는 분별일 뿐이다. 분별 떠남이 진여이니 진여라는 생각도 버려야 진여의 자리가 된다. 또한 앞의 여러 글에서 설명한 절관絶觀과 불사不思·불행不行 등의 법문은 진여삼매를 그대로 드러내거나 곧바로 여기에 이르게 하는 법문이다.

이렇게 무공용無功用이 성취된 자리가 곧 보살제팔지이고, 유심唯心과 일심一心을 명료히 증득하여 무생의 진리[無生法忍]를 성취한 자리이다. 달마선에서 말하는 진정한 선의 경지란 곧 이를 말함이고, 앞의 글들에서 자주 설명한 여러 조사들의 돈법頓法은 바로 무공용無功用의 이 자리에 곧바로 이르도록 하기 위한 법문들이다. 이 아홉 단계의 사마타법문이 비록 아홉 단계의 점차를 설하고 있지만 이것이 그대로 돈법인 것은 첫 단계의 행법에서부터 이미 일체가 오직 마음일 뿐이라는 이입理入이 전제되어 있기 때문이다. 이입이 되었다 하더라도 행증行證은 방편의 공용功用을 거치면서 이루어진다. 단지 여기에 개인의 근기에 따라서 몇 단계씩 뛰어 넘을 수도 있고,

매우 드물겠지만 이입과 동시에 무공용을 성취하는 경우도 있을 수 있다. 여러 단계로 설명되어 있지만 그 행의 바탕은 유심唯心이고 일심임을 뚜렷이 하여 가는 과정일 뿐이다. 그래서 『기신론』본문에 "점점 맹리(猛利 : 맹렬하고 날카로워짐)하게 되니 그에 따라 진여삼매에 들어가게 된다"고 하였다.

단지 이러한 점차의 단계에서 행해지는 공용功用의 방편행은 억지로 힘을 써서 노력해야 하는 행인지라 어느 정도 병폐가 따르게 된다. 물론 이 아홉 단계의 사마타행은 먼저 유심唯心임을 요지了知하고 하는 행이라 유심을 전제로 하지 않은 여러 행법에 비하면 그러한 폐해가 훨씬 적다. 유심임을 요지하였다 하더라도 그 뜻이 깊어지고 넓어지며 뚜렷해지는 것에는 많은 차이가 있다. 여러 대승경론을 통하여 그 심의深義를 알아간다면 이 사마타행을 업그레이드 해주는 향상向上법문이 된다. 보다 깊이 유심의 뜻을 알게 될 때 억지로 힘을 써서 하는 행이 덜어지고, 그만큼 공용행功用行으로 인한 폐해도 적어진다. 똑같이 상념常念 무간無間의 방편행이라 이름하더라도 적정(寂靜 ; 제6단계) 내지 최극적정(最極寂靜 ; 제7단계)이 이루어진 후에 하는 전주일취상專住一趣相은 그 이전의 행과는 질적으로 다르다. 요컨대 오직 마음일 뿐임을 알고 난 후에 행해질 수 있는 것이 대승의 선이고 달마선이다.

사조四祖 도신道信 선사의 『입도안심요방편법문入道安心要方便法門』이나 신수神秀의 여러 법문은 무상無上의 선지禪旨와 함께 특히 이러한 점차의 과정을 친절히 설명하여 인도하였다. 그래서 이들 법문에 대해 당시나 근래의 일부 논자들은 점법漸法으로 비판하였지만 그것이 돈법상의 일련의 행증行證 체계 내에 있는 것임을 필자가 여러 글에서 논급한 바 있다.

후대의 선가에서는 점차의 법문을 거의 모두 무시해버렸다. 더구나 당말唐末 이후에는 경론에 의거한 이입理入의 법문 해설마저 하지 않은 채 짤막한 선문답이나 방과 할이 난무하는 지경에 이르니 선이 바탕을 상실해 버리고 공중에 떠다니는 애매모호한 것이 되어버렸다.

이 아홉 단계의 점차는 점법漸法에서의 점차와는 다르다. 유심唯心을 요지了知하고 이를 전제로 하여 불가득不可得의 뜻이 항상 행법상에 상응되어야 달마선이고 최상승선이다. 점법에서의 점차는 불가득의 뜻이 전제되지 않아 취하고자 하고, 얻고자 하며, 얻어진 선정禪定 경계의 맛에 애착한다. 이를 천태지관天台止觀 법문에서는 '애미愛味'라는 말로 지칭하고 있다. 이에 비해 이 아홉 단계에서는 내외의 모든 경계가 불생不生이고 불멸不滅임을 요지하고 이를 뚜렷이 하여 가는 행에서 보듯이 지혜가 함께 운용되는 사마타행이다. 그래서 『기신론』에서는 정법正法의 사마타행을 '사마타관觀'으로 명명하고 있다. 앞의 글에서 설명한 바와 같이 정(定 ; 止)과 혜(慧 ; 觀)가 함께 갖추어지는 행이 곧 달마선이다. 단지 『기신론』에서 이를 사마타행이라 한 것은 이를 통해서 진여삼매가 성취되고,

이 진여삼매를 통하여 무량한 삼매가 이루어지는 까닭이다. 그리고 바로 이어 설하고 있는 무상관無常觀, 부정관不淨觀, 대비관(大悲觀 ; 慈悲觀), 일체중생을 구제하겠다는 대원력 등의 비파사나[觀]행이 있는 까닭이다. 지행止行에만 치우치면 마음이 침몰되기(가라앉기) 쉽다. 그래서 이러한 관觀을 통하여 이를 대치對治하고, 마음 깊숙이 자리하고 있는 뿌리 깊은 사혹思惑의 정념情念을 제거한다. 이법理法을 관함이『기신론』에서는 '사마타관'에 들어가고, 무상관無常觀, 부정관不淨觀, 자비관 대원력 등이 '비파사나관'이다. 어느 때나 지止와 관觀이 함께 행해져야 한다는 것을『기신론』뿐 아니라 모든 경론이 공통으로 강조하고 있다. 단지 개인에 따라서 일시적으로 어느 한 쪽에 치중해서 행하게 되거나 그렇게 행할 필요가 있는 경우는 있다.

한편 앞의 글에서 설명한, 심성을 요지하여 곧바로 성불한다는 소위 견성성불見性成佛의 선법은 돈법으로서 위와 같은 점차漸次의 행증行證 과정을 뛰어넘거나 간단히 거치며 넘어선다. 유심唯心을 깊이 통달하면 곧 심성心性을 요지함이 된다. 심성이 본래 분별을 떠나 있고, 지知하고, 견見함이 없으며, 능能·소所를 떠난 일심이고 그대로 각성覺性임을 알았으니 이 뜻이 구현된다면 공용功用의 관행방편을 떠나 절관(絶觀 ; 無修之修)의 행이 시현된다. 단지 심성을 깨달았다 하더라도 아직 뚜렷하지 않다면 앞의 아홉 단계와 같은 순숙醇熟의 과정을 거치게 된다. 그러나 심성心性이 곧 진여이고, 진여를 요지한지라 그 과정이 훨씬 빠르고 원만하며, 가벼워서 힘이 덜 든다. 그래서 "돈오頓悟하면 힘이 적게 든다"고 하였다.

심성이 지知하고 견見함이 없으며, 분별함도 없고, 생각함도 없는데 마음에서 일어나는 상념 내지 희로애락의 정념情念들은 무엇인가. 이들을 사혹思惑이라 하고, 일어날 수 없는 것인데 일어나 있으니 이를 망(妄 : 망령됨)이라 한다. 즉 망념妄念이고 망상이다. 또한 번뇌라고도 한다. 이렇게 모든 상념과 정념들이 망령된 것인 줄 알 때 그러한 상념과 정념들에 끌리지 아니하고, 끌리지 아니하니 그 상들이 청정해진다. 그것이 본래 망령된 것이어서 그림자와 같고 환과 같아 그 자상自相, 自體이 없으니 언제 생한 바가 없는 것이다. 이렇게 알 때 그 상들이 청정해진다. 그렇게 청정함이 증證되면 바로 그러한 상념과 정념의 번뇌가 곧 보리[菩提 ; 覺]가 된다. 그래서 경전에 "번뇌가 곧 보리다"고 하였다. 그래서 번뇌가 번뇌인 줄 알고, 망妄이 망인 줄 알아야 하고, 또한 번뇌가 번뇌 아니며, 망이 망 아닌 줄도 알아야 한다. 개에 불성佛性이 있다고 알아야 하고, 또한 개에 불성이 없음도 알아야 한다. 양변兩邊의 뜻을 제대로 알아야 중도中道에 들고, 중도가 구현된다. 개에 불성이 있다고 생각함도 상념이니 망妄이다. 즉 유有라는 생각 자체가 망妄이다. 이 망을 제거하기 위해 그 망이 망이어서 없다는 것을 일깨우는 말이 개에 불성이 없다고 함이다. 불성이든 하찮은 무엇이든 본래 유有와 무無를 떠나 있어 유와 무로 그것을 나타낼 수 없되, 유가 아님도 아니고, 무가 아님도 아니다. 여기에 중도의 뜻이 있다. 중도는 일단 어느 변邊에도 끌리지 않아야 한다. 그리하여 유가 망임을 알아 상념에 끌리지 아니하면 유有든 무無든 실은 두 자리가 아님을 알게 된다. 단지 서로 즉卽해 있을 뿐이다. 그렇게 즉해 있는 것이 곧 심心이고 중도中道이다. 그래서 즉심卽心이라 하고, 즉심시불卽心是佛이라 한다. 『능가경』(7권본) 권제1 집일체법품의 상대되는 108구의 법상法相은 곧 즉卽과 즉심卽心과 중도中道의 뜻을 개시開示하기 위함이다. 또한 『유마경』의 불이법문不二法門도 바로 이 즉과 즉심을 불이의 면에서 드러낸 가르침이다.

불교의 선법은 법문의 뜻을 알고, 그 뜻이 자심自心에서 구현되게 하는 행이지 어느 한 생각에 일방적으로 몰입하여 가는 행이 아니다. 그러나 자칫하면 이러한 잘못된 행을 열심히 하게 되기 쉽다. 그렇게 열심히 하여 공부가 조금 진전되는 맛이 들긴 하지만 그와 더불어 폐해가 쌓이고 있다는 것을 알아야 한다. 어구의 뜻을 알면 그 어구를 놓아버리게 되고, 그 뜻을 모르면 그 어구를 바라보고 여기에 집중하려 한다. 선종에서 불립문자不立文字라는 말까지 쓰게 된 것은 실로 이러한 병폐를 막기 위함이었다.

심성을 명료하게 알아서 여러 능지能智 가행加行, 공용功用의 방편행을 떠나면 궁극에는 마음도 잊게 된다. 마음도 잊어야 바로 그대로가 참마음이고, 진실하며, 실상實相의 세계가 시현된다. 앞의 여러 선법들도 궁극에는 마음도 잊게 하는 가르침이다. 앞에 인용한

『속고승전』의 저자 도선道宣이 달마선을 "망언忘言·망념忘念·무득無得의 정관正觀을 종宗으로 한다"고 요약한 가운데 망념이 바로 이것이다. 망념이 망심忘心고, 무심無心이다. 마음은 지각知覺되는 대상이 아닌 까닭에 당연히 마음을 잊는 자리가 되어야 한다. 마음을 잊는 자리가 되어야 일체 모든 것이 마음 아닌 것이 없게 됨이 실현된다. 또한 일체가 마음일 뿐이니 마음을 인식할 다른 어떤 것이 있을 수 없다.

제16장 『원각경』의 수순각성隨順覺性 법문과 사병四病

선법이란 일단 어떻게 하라는 가르침이기에 그 말에 따른 행에 치우치기 쉽다. 달마선은 치우침이 없는 대승의 이법理法에 의거한지라 그러한 폐단에 빠질 염려가 가장 적은 법문이라 할 수 있다. 그러나 아무리 훌륭한 법문이라 하더라도 자칫하면 자신도 모르게 그 법문에 치우쳐 있게 되기 쉽다. 그래서 마음을 그 법문에 따라 어떻게 하려 하게 되고, 그렇다면 그 마음은 이미 어느 한 편에 치우치게 되는 것이다. 마음은 본래 어느 한 편에 치우쳐 있는 것이 아니다. 그런데 마음을 어느 한편으로 몰아가서 성취하고자 하니 제대로 될 리가 없다. 고래로 선가에서 중시하여 주로 의거한 법문에 『능가경』과 『금강경』 및 선사들의 십지법문心地法門이나 선어록 외에 『대승기신론』과 『유마경』, 그리고 『원각경』이 있다.

『원각경』은 궁극의 원만한 깨달음에 이르는 길을 개시開示한 선서禪書이며, 앞의 글들에서 설명한 달마선의 후속편이라 할 수 있는 내용이다. 여기에는 최상승선의 가르침을 받고 이를 행한다고 하면서 자칫 빠지기 쉬운 네 가지 병을 들어 경각警覺시킨 법문이 있다. 이제까지 줄곧 최상승선을 설하였는데 여기서 펼친 말들에 치우쳐 원각에 이르지 못할까 저어하여 마지막으로 그 네 가지 선병禪病 또는 심병心病에 대해 설명하고자 한다.

『원각경』에서 여래께서 설하시길, 묘법(원각)을 성취하고자 하건대 다음의 네 가지 병을 떠나야 한다고 하였다.

첫째, 작병(作病 : 마음으로 짓는 병)이다. 경에 설한다.

첫째는 작병作病이다. 만약 또 어떤 사람이 이와 같이 말하되, "내가 본심에서 갖가지 행을 작作하여 원각을 구하려 한다"고 한다면, 저 원각성은 작作하여 얻을 수 있는 것이 아닌 까닭에 병病이 된다고 설한다.

본심에서 갖가지 행을 지어 원각을 구하는 것을 작병作病이라 한다. 원각성은 작作하여 얻을 수 있는 것이 아니다. 그런데 작作하는 행으로 이루려 하니 병이 된다. 이 뜻은 이미 앞의 여러 글들에서 자주 설명하였다. 마음에는 본래 주관과 객관이 따로 없는 일심一心

인지라 무엇을 작作한다 함은 이미 그 일심의 뜻에 어긋난다. 또한 심체心體인 원각圓覺은 새로 만들어지는 것이 아니다. 단지 망妄이 소멸되면 본래의 자리가 드러나게 될 뿐이다. 이렇게 설하니 망妄을 제거하려고 함이 있다면 이 또한 작병이 되어버린다. 망妄이 본래 그림자이고, 환幻과 같아서 생한 바가 없다고 함은 앞의 여러 글에서 설명하였고, 특히『원각경』에서는 망妄이든 환幻이든 그대로 각성覺性이고 평등한 원각성인지라 그 각성覺性에 수순隨順할 뿐임을 설하고 있다.

선남자여! 일체의 장애가 곧 구경각(究竟覺 ; 묘각)이고, 득념得念과 실념失念이 해탈과 다르지 아니하며, 성법成法과 파법破法이 모두 열반이다. 지혜와 어리석음이 모두 반야이고, 보살과 외도가 성취한 법이 똑같이 보리이며, 무명無明과 진여가 다르지 않은 경계이며, 모든 계정혜戒定慧와 음(婬 : 사음)·노(怒 : 성냄)·치(癡 : 어리석음)가 다 같이 범행(梵行청 정행)이다. 중생과 국토가 동일한 법성이며, 지옥과 천국이 모두 정토淨土이다. 유성(有性 ; 해탈할 수 있는 중생)과 무성(無性 ; 해탈하지 못하는 중생)이 다 같이 불도佛道를 이루고, 일체의 번뇌가 필경에 해탈이며, 법계의 바다와 같은 지혜로 모든 상을 비춤이 허공과 같나니 이를 이름하여 여래가 각성覺性에 수순隨順함이라고 한다.

이는 일체가 각성覺性임을 온전히 체득한 바탕에서 이루어지는 여래의 행이다. 한편 보살도 각성에 수순함이 있으나 초지初地 이전의 보살은 각覺을 견見함에 머물러 이로부터 떠나지 못하니 각覺의 장애가 있게 되어 자재自在하지 못한다. 그렇다면 초지 이상의 보살은 어떠한가. 『원각경』은 양자의 수증修證 경계에 대해 다음과 같이 설명한다.

선남자여! 일체의 보살은 견해가 장애가 되고, 비록 견해의 장애를 끊었어도 각覺을 견見함에 머무르니 각의 장애에 막히어 자재하지 못하게 된다. 이를 이름하여 초지初地보살에 아직 들지 못한 보살이 각성覺性에 수순함이라 한다.

선남자여! 조(照 ; 비춤)함이 있고 각覺함이 있는 것을 다 같이 장애가 되는 것이라 하나니 이 까닭에 (初地 이상의) 보살은 항상 각覺에 머무름이 없어 조照함과 조照하는 자가 동시에 적멸하다. 비유컨대 어떤 사람이 스스로 그의 목을 끊었다면, 목이 이미 끊어진 까닭에 끊은 자도 없게 되는 것과 같다. 경전의 가르침은 달을 가리키는 손가락과 같아서 다시 달을 보게 되었다면 가리킨 것(손가락)이 필경에 달이 아님을 알게 되는 것과 같다. 일체 여래께서 갖가지 언설로 보살들에게 개시開示하신 것도 또한 이와 같다. 이를 이름하여 이미 초지 이상에 든 보살이 각성覺性에 수순함이라 한다.

보살은 크게 초지初地 이전의 보살과 이상의 보살로 구분된다. 초지 이전의 보살은 아직 각覺을 견見함이 있어 그것이 장애가 되지만 초지 이상의 보살은 각覺을 조照함도 없고, 조照하는 자[能照]도 없다. 그러나 아직 여래와 같이 평등한 각성覺性의 뜻이 일체의 현실에 항상 원만하게 온전히 구현되지는 못한다.

각성覺性은 깨달음으로 인해 드러난 것이어서 아직 초지 이전에서 각覺을 견見함이 있는 자리라 하여도 억지로 작作하는 행은 아니다. 아직 견見하는 대상이 되어 있는 각覺인지라 이 또한 환幻이라 하지만 이 환은 모든 환幻을 소멸케 하고, 그 각覺을 견見하는 자[能智]도 멸하게 해준다. 이를 『원각경』에서 "환으로써 환을 제거한다[以幻修幻]"라 하였다. 불이 땔감을 태우고, 다 태우면 그 불도 사라진다는 비유로 그 일을 설명하고 있다. 불이 일어나 타고 있는 자리는 초지初地 이전의 보살이고, 다 타서 태우던 불(태우는 者)도 사라진 경지가 초지 이상의 보살이다. 불이 스스로 태우는 용用이 있듯이 각성覺性이 드러나면 그 드러난 각성이 스스로 모든 환幻들을 소각시킨다. 단지 초지 이전에는 각을 견함이 뚜렷하지 못하고 견실하지 못하여 이를 지켜나가는 일행삼매 내지 공용의 방편행이 있게 된다. 이 공용功用의 행은 초지 이상의 보살에게도 남아 있고, 온전히 떠나게 되는 것은 전술한 바와 같이 제팔지보살부터이다.

각성覺性이 드러난 후에는 그 뜻에 수순하니 작병作病의 폐단을 받지 않는다. 그래서 달마선에서 이입理入을 강조하였다. 이입이 되지 않으면 수행에 항상 이 작병이 따른다.

둘째, 임병任病이다. 경에 설한다.

둘째는 임병任病이다. 만약 또 어떤 사람이 이와 같이 말하되, "우리들은 지금 생사를 끊지도 아니하고, 열반을 구하지도 아니하며, 열반과 생사에 대한 생각을 일으킴도 멸함도 없이 저 일체에 그대로 맡기고, 그 법성法性에 따를 뿐이다"고 한다면 저 원각성은 맡겨져(아무렇게나) 있는 것이 아닌 까닭에〔非任有故〕병이 되는 것이라 설한다.

앞의 작병作病을 경책하는 법문에서 짓는 마음이 병이 된다 하니 이제 마음을 아무렇게나 맡겨 가며 구함 없이 있는 것으로 행을 삼는 이가 있다. 작作하게 되면 아무렇게나 작作하고, 한가로움이 좋으면 그저 한가로움에 맡겨 지내며, 배고프면 먹고, 잠이 오면 자면서, 좋은 일이든 나쁜 일이든 일체 불문不問인 채로 맡기며 지내는 것으로 행을 삼는데 이것이 곧 병이 된다는 법문이다. 생사가 본래 공인데 어찌 끊을 바가 있을 것이며, 열반이 본래 공적空寂하거늘 어찌 닦음을 빌려서 구할 것인가 하며, 생사를 싫어하지도 아니하고 열반을 좋아하지도 아니하여 그에 대한 생각을 하지 않는 것을 도로 삼는다. 이러한 행은 전술한 달마선에서 설한 임운任運이나 무수無修의 행과 비슷하여 혼동하기 쉽다. 마음을 지어 임운하려고 함이 있어 이 또한 생각을 짓는[作意] 잘못에 걸리게 된다. 달마선에서의 임운이나 무수無修는 생사가 공空이되 불공不空이고, 열반이 공적空寂하되 또한 여래의 한량없는 공덕을 갖춘 공덕장功德藏인지라 여래장如來藏이라고 하는 중도의 자리에서 행하는 것이다. 그래서 달마선에서는 적(寂 ; 止, 定)과 조(照 ; 觀, 慧)가 함께 갖추어진다. 적寂만 있으면 공空에 치우친 것이나 불공不空임도 아는지라 조照에 의한 지혜가 없지 아니하다. 생사와 열반이 불공不空임도 아는지라 생사를 떠났으되 버림이 없고, 열반을 구함도 없되 열반을 버리거나 무시함도 없다. 그러나 임병任病에서는 생사가 생사이고, 열반이 되는 뜻을 무시해 버린다. 그래서 이 임任은 방종放縱의 뜻이 된다. 즉 이 법 저 법 불문하고 아무렇게나 하는 것을 걸림 없는 행이 되는 것으로 착각한다. 그러나 그 행은 걸림 없는 행을 흉내 내는 것에 불과하다. 생사는 생사로서 각성覺性이고, 열반은 열반으로서 각성이다. 만약 생사와 열반의 구분이 없게 되어버린다면 각성 또한 없게 되어버린다. 나무가 나무로서 있고, 돌이 돌로서 있기 때문에 그 본성을 각성이라 말하는 것이다. 즉 돌이 돌로서 각覺되어 있고, 나무가 나무로서 각覺되어 있는 것이니 그 각覺되어 있는 자리가 곧 심지心地이다. 나무와 돌이 그대로 마음일 뿐인 까닭이 여기에 있다. 바로 모든 존재에 평등하게 갖추어진 이러한 각성覺性이 원각성이다. 그래서 원각성은 공空이나 무無에 치우쳐 있지 아니한지라 아무렇게나 일체법을 무시하고 있는 것으로 이를 수 있는 것이 아니다. 일체법에 위(違 ; 逆 : 거부하는 행)도 아니되 또한 순(順 ; 일체법에 그대로 따라가 버림)도 아닌 중도행中道行이 되어야 한다. 그래서 묘행妙行이라 하는 것이고, 이는 유심唯心과 일심을 깨달아 각성이 드러나야 행할 수 있는 것이다.

셋째, 지병止病이다. 경에 설한다.

셋째는 지병止病이다. 만약 또 어떤 사람이 이와 같이 말하되, "내가 이제 자심自心에서 모든 상념을 영원히 지식(止息 ; 止滅)하고 일체의 성품이 적연寂然 평등함을 증득하여 원각圓覺을 구하려 한다"고 한다면, 저 원각성은 지식止息함에 합치하는 것이 아닌 까닭에 이름하여 병이 된다고 설한다.

이 지병止病은 고요함에 집착하고 치우쳐서 나온다. 고요함[靜寂]을 갖추는 것도 필요하지만 본래 마음이 일어남이 없다는 깨달음이 없이 현재 일어나고 있는 상념을 그치게 하여 고요한 평등의 자리寂然平等를 이루려 한다면, 이는 원각圓覺의 성품이 고요함에 치우쳐 있는 것이 아니라는 사실에 합치하지 못한 까닭에 병이 된다. 각성覺性이란 고요함에만 있는 것도 아니고, 동동함에는 없게 되는 것이 아니다. 각성은 고요함이든 동함이든 평등하고, 범부이든 보살이든 여래이든 차등이 없다. 지혜는 성인에게 많고 범부에게는 적어 차등이 있지만 각성은 평등하다. 그 평등함에 수순隨順해야 하는데 한 편으로 치우친 면에 치중하여 성취하겠다면 이미 병의 길로 들어선 것이다. 마음을 어떻게 하고자 하면 이미 치우침이 없는 것이 마음인 것을 한 편으로 치우치게 하는 것이 되어버리니 본래의 심지心地에 어떻게 이를 것인가.

넷째, 멸병滅病이다. 경에 설한다.

넷째는 멸병滅病이다. 만약 또 어떤 사람이 이와 같이 말하되, "내가 지금 영원히 일체의 번뇌를 끊어 신심身心이 필경에 공空하고 무소유無所有이거늘 하물며 근(根 ; 眼耳鼻舌身意의 여섯 가지 감각기관)과 진(塵 ; 色聲香味觸法의 六境, 여섯 가지 감각의 대상)의 허망한 경계야 말할 나위 있겠는가"라 한다면 저 원각성이 적멸상寂滅相이 아닌 까닭에 병이 된다고 설한다.

열반이 곧 적멸寂滅이다. 신심身心이 적멸한 자리를 성취해야 한다는 가르침은 성문승(聲聞乘, 소승)의 주된 가르침이다. 그러나 그러한 자리를 성취하였다 한들 원각성이 드러난 것은 아니다. 원각성은 일체의 상을 떠났으나 이 경우는 적멸의 상이 있어 그 편에 치우쳐 있는 까닭이고, 그래서 병이 된다. 원각성에 적멸의 뜻이 없는 것은 아니나 적멸을 취함이 있고, 적멸로써 원각을 이루고자 한다면 이는 잘못이다. 또한 번뇌를 끊어서 얻는 적멸은 영원한 것이 아니다. 번뇌도 본래 원각성이어서 끊어지는 것이 아니고 영원하다. 영원한 것은 본래 생함 없이 생한 것이다. 번뇌가 본래 원각성이어서 따로 끊을 번뇌가 있는 것이 아니다. 아직 끊을 번뇌가 있는 것으로 안다면 그는 아직 각성覺性을 맛보지 못한 자이다. 끊어지는 번뇌라면 베어도 다시 자라는 잡초처럼 다시 소생하고 자란다. 그래서 번뇌를 다 끊어 소멸한 아라한도 다시 퇴보할 수 있다고 대승경전은 설한다. 번뇌를 끊어 소멸함으로써 아라한을 증득하였다고 하는 까닭이다. 그래서 번뇌를 끊어 소멸하였다는 것이 남게 되니 끊어짐도 없고 소멸할 바도 없는 번뇌의 원각성에 미혹함이 있다. 번뇌를 끊어 소멸하였다는 것이 번뇌가 되어 퇴보할 수 있다는 것이다. 더 이상 퇴보하지 않는 경지는, 적멸도 취함이 없어 삼매도 환과 같음[如幻三昧]을 증득한 제팔지보살부터이다. 그래서 제팔지보살을 불퇴전지不退轉地라고 한다. 달마선은 제팔지보살로 바로 이끄는 법문이다. 그래서 『능가경』(7권본) 권제7 게송품에 설한다.

八地及佛地 보살팔지와 불지 사이에서
如來性所成 여래성이 이루어지느니라.

遠行與善慧 원행지(7地보살 및 不動地인 제8지)와 선혜지(보살제9지),
法雲及佛地 법운지(제10지)와 불지는
皆是佛種性 모두 불종성이고
餘悉二乘攝 나머지는 모두 다 이승(三乘과 二乘)에 들어가네.

제팔지第八地보살로부터 여래성如來性이 이루어진다고 하였다. 대체로 아라한은 대승보살지로 보면 제칠지第七地에 해당한다. 그런데 본 『능가경』(7권본)에서 제칠지보살 이전까지를 3승과 2승이라 하였다. 이렇게 설한 것은 아라한 위位도 입위入位의 과정이 있고, 완숙된 과위果位가 있어 전자까지를 3승과 2승으로 보고 후자부터 불종성佛種性으로 본 것이라 하겠다.

요컨대 위의 네 가지 병은 유심唯心과 일심一心이라는 각지覺智가 열리지 않고 각성覺性이 드러나지 못한 가운데 법문의 어구에 의거하여 마음을 어느 한 편으로 치우쳐 두어 가는 행이다. 경론의 가르침을 그대로 따르는 것으로 착각하기 쉽기 때문에 본인은 그 잘못됨을 알지 못하고 정법을 행하는 것으로 자임하게 되어 더욱 큰 병이 된다. 위의 네 가지 행은 불교 수행의 중요한 가르침이지만 그 행에 마음을 일부러 두려 하거나 향하게 하면 이미 잘못임을 『원각경』은 일깨우고 있다.

결국 정법正法의 길은 말로써 드러낼 바가 없다. 단지 이것도 아니고, 저것도 아니라는 부정否定으로 그 길을 드러낼 수 있을 뿐이다. 그래서 대승 최상승선의 선지禪旨는 무념無念, 불사不思, 불관不觀, 절관絶觀, 무수無修, 무행無行, 무작의無作意, 무심無心, 무주無住, 불가득不可得 등과 같이 부정어否定語로 개시開示한다. 마음이 본래 무엇을 한다고 함이 없다. 그러니 당연히 그 성품에 따라 무엇을 한다고 함이 없으면 되는 것이다. 단지 간심看心과 관심觀心의 구句가 있으나 대승에서의 간심과 관심은 심성이 본래 무념, 불사, 불관, 절관, 무수, 무행, 무작의, 무심, 무주, 불가득임을 자심自心에서 요지了知해야 하고, 요지한 이후에도 이를 자심에서 뚜렷이 확증하는 단계가 있게 되는 까닭에 설해지는 법문이다. 또한 이 네 가지 병에 대한 법문도 마찬가지로 부정否定을 통한 드러냄의 뜻이다. 삿됨을 부수어 올바름을 드러낸다[破邪顯正]는 뜻도 함께 한다. 이 네 가지 병으로부터 벗어나면 바로 그 자리가 정법을 행하는 길이 된다.

글을 마치며

지금까지 16장에 걸쳐 초조에서 6조 내지 7조까지의 초기선종기純禪時期 달마선의 근본 선지禪旨를 여러 면에서 설명하였는데, 후대 선불교의 전개과정에 대해 다루지 못한 아쉬움이 남는다. 후일의 연구를 기약한다.

주지하다시피 초기 선종 이후 선법의 흐름은 순선純禪의 모습이 상당히 왜곡되어 부정적인 현상들이 성행하게 되었다. 당말唐末 송초宋初 이래 소위 문자선文字禪이란 것이 유행하여 자신이 터득한 경지를 시적詩的, 은유적, 기술적技術的, 단구短句 위주의 과시적誇示的 문답과 해설로 드러내는 풍조가 만연하다보니 대승의 깊고 날카로운 이법理法을 바탕으로 하는 달마선의 선지禪旨가 제대로 전승되기 어렵게 되었다.

대혜종고大慧宗杲, 1089~1163가 문자선의 이러한 폐해를 지적하며 간화선看話禪을 주창하였으나 이 또한 방편에 방편을 더한 것으로 그 폐단이 심하였다. 무엇보다 오직 화두를 참구하라고 하는 선법이 달마대사 이래 초기 선종의 순선시대에는 없었고, 육조혜능의 『단경』에도 없는 법문이었다. 후대에는 간화선 하면 임제선사의 정통선법을 이은 것으로 말하지만 임제선사도 언제 간화선을 한 바도 없고, 제자들에게 이를 가르친 것도 아니었다.

대혜종고는 『서장書狀』에서 이전 선사들의 최상승법문을 인용하며 나열한 후 이것마저 버리고 오직 화두를 들라고 강조한다. 그러나 그가 인용한 여러 선사들의 법문에 의거한다면 마음으로 화두를 챙기거나 화두에 둘 수 없다. 이제까지 설명한 달마선의 뜻을 알았다면 누구나 화두를 들래야 들 수가 없을 것이다. 즉 『서장』의 간화선 주장은 그 말 자체가 모순이다. 특히 간화선은 이후 경론을 통한 이법理法의 터득과 불교 본연의 교의 이해를 소홀히 하게 하여 "교에 의지하여 종(宗 ; 心性)을 깨닫는다"는 달마대사의 근본 선지가 널리 전승되는 것을 훼손하였다. 여러 대덕大德들이 출현하여 그러한 문제를 해소하기 위해 교선일치를 주창하며 노력하였으나 선오후수先悟後修의 근본불교는 갈수록 희미해져 갔다. 오悟가 화두라는 의정疑情을 타파해야 이루어지는 것으로 여기게 되었다. 부처님께서 이미 길을 훤히 아시고, 친절히 개시開示하여 주신 등불은 옆으로 치워버리고, 오직 의문덩어리를 붙잡고 깨달음을 기다린다. 이렇게 이질異質의 선법이 나중에는 주류가 되고 말았다. 특히 한국 근대의 불교사회는 더욱 그러한 모습이 조장되었다.

본서가 달마선의 깊은 뜻을 드러내는데 여러모로 미흡하고 미진하지만, 본서를 통하여 현 선불교의 여러 문제들이 인지되고 각성되어 본래의 모습을 회복하는데 기여하였으면 한다. 후대의 여러 사정으로 본래의 선법이 행해지지 못하고 있는 현실의 선불교 풍토는 자성과 성찰을 통해 본래의 모습을 회복해야 할 것이다. 달마선의 실상實相이 다시 두루 이해되고, 널리 유포되어 올바로 계승되길 기원한다.

  나무석가모니불
  나무마하반야바라밀

참고문헌(原典類)

『능가아발다라보경(능가경 4권본)』(『대정장』 16권)

『대승입능가경(7권본)』(『如來心地의 要門 : 대승입능가경 역주』, 박건주 역주, 능가산방, 1997)

『입능가경(능가경 11권본)』(『대정장』 16권)

『梵文和譯 入楞伽經』(安井廣濟 譯, 京都, 法藏館, 1978)

『화엄경(60권본)』(『대정장』 9권)

『화엄경(80권본)』(『대정장』 10권)

『십지경』(『대정장』 10권)

『십주경』(『대정장』 10권)

『楞伽師資記』(박건주 역주, 서울, 운주사, 2001)

『속고승전』(『대정장』 50권)

『유마힐소설경』(『대정장』 14권)

『大智度論』(『대정장』 25권)

『마하반야바라밀경』(『대정장』 8권)

『대반야바라밀다경』(『대정장』 5권-7권)

『금강삼매경론』(『대정장』 34권)

『원각경』(『대정장』 17권)

『中論』(『대정장』 30권)

『문수사리소설마하반야바라밀경』(『대정장』 8권)

『사익범천소문경』(『대정장』 15권)

『반주삼매경』(『대정장』 13권)

『아미타경』(『대정장』 12권)

『금강경』(박건주 역해, 위없는 깨달음 : 금강경 역해, 운주사, 2002)

『佛說決定毘尼經』(『대정장』 12권)

『대승기신론소』(『이본기신론』 혜암 우진 편집, 부산, 부다가야, 1997)

『華嚴五教止觀』(『대정장』 45권)

『肇論』(『대정장』 45권), (감산덕청 약주, 송찬우 역, 『조론』, 고려원, 1991)

『遊心安樂道』(조명기편, 『원효대사전집』, 보련각, 1978)

『五種方便念佛門』(天台智顗 著, 『대정장』 47권)

『육조단경(돈황본)』: 『敦煌寫本壇經原本』(周紹良 編著, 北京, 文物出版社, 1997),

『二入四行論長卷子』(『敦煌禪宗文獻集成(上)』, 北京, 新華書店, 1998)

『信心銘』(『대정장』 48권)

『金剛心論』(釋 金陀 著, 淸華 編, 聖輪閣, 2000.10)

『傳法寶記』(柳田聖山, 『初期禪宗史書の研究』, 京都, 法藏館, 2000에 수록된 교정본)

『絶觀論』(박건주 역해, 禪과 깨달음 : 초기선종법문해설, 서울, 운주사, 2004)

『心銘』(위와 같음)

『顯宗論』(위와 같음)

『無心論』(위와 같음)

『南天竺國菩提達摩禪師觀門』(위와 같음)

『二入四行論』(위와 같음)

『安心法門』(위와 같음)

『修心要論(最上乘論)』(『대정장』 48)

『菩提達摩南宗定是非論』(楊曾文 校註, 『神會和尙禪話錄』, 新華書店北京發行所, 1996)

『南陽和尙問答雜徵義』(위와 같음)

『南陽和尙頓敎解脫禪門直了性壇語』(위와 같음)

『大乘無生方便門』(『敦煌禪宗文獻集成(上)』, 北京, 中華全國圖書館文獻縮微復制中心, 1998)

『頓悟眞宗論』(위와 같음)

『頓悟眞宗要訣』(위와 같음)

『神會和尙遺集』(胡適 校, 台北, 胡適紀念館, 1968)

『종경록』(『대정장』 48권)

『관심론』(宇井伯壽, 『禪宗史硏究』, 東京, 岩波書店, 1966에 수록된 本)

『대승북종론』(위와 같음)

『能秀二祖讚』(『全唐文』 권917)

『唐大通和尙法門義讚』(위와 같음)

『祖堂集』(張華 点校, 鄭州, 中州古籍出版社, 2001년)

『낙양가람기』(『대정장』 권51)

『頓悟大乘正理決』・『頓悟大乘正理決 長篇』・『チバット文異本 頓悟大乘正理決』(上山大峻, 『敦煌佛敎の硏究(資料篇)』, 京都, 法藏館 , 1990. 3)

『歷代法寶記』(『대정장』 51권)

『석선바라밀차제법문』(천태지의 저, 佛陀敎育基金會, 台北, 2002)

『경덕전등록』(『대정장』 51권)

『송고승전』(『대정장』 50권)

『五燈會元』(『卍續藏』 142冊)

『五家語錄』(『明續藏經』58函)

『馬祖錄·百丈錄』(선림고경총서 11, 장경각, 2002)

『潙仰錄』(선림고경총서 13, 장경각, 2003)

『書狀』(『四集譯解』, 법륜사, 1991)

『열반경종요』(조명기편, 『원효대사전집』, 보련각, 1978)

『唐玉泉寺大通禪師碑銘』(『全唐文』 권231)

『大照禪師塔銘』(『全唐文』 권262)

찾아보기

각覺 81
각성覺性 82, 181, 248, 250
각조 227
간심看心 153, 202, 205, 206
간화선看話禪 118, 119, 196, 202
견분見分 21, 31
견성見性 66
공상共相 168
공적空寂 33, 55, 136, 177, 183
『관심론觀心論』 202
관찰의선觀察義禪 157
교외별전教外別傳 46
구나발다라 19, 113, 188
구산선문九山禪門 233
구종심주九種心住 233
『금강삼매경론』 18
『금강삼매경』 162
『금강심론』 116
금타화상金陀和尚 95

나선사那禪師 45
남종南宗 129
『남천축보리달마선사관문南天竺國
  菩提達摩禪師觀門』 139, 145

『능가경』 13, 19, 29, 244
능가사楞伽師 42, 139
『능가사자기楞伽師資記』 13, 112, 190
능가선 11, 194, 232
『능가아발다라보경』 19
『능가요의楞伽要義』 12
『능가인법지楞伽人法志』 130
능각能覺 56
능能 21, 31, 65
능소能所 104
『능수이조찬能秀二祖讚』 139
능취能取 72

『단경』 144
달마대사 12, 48, 85, 172, 174, 189, 229
달마선 51, 178
당념當念 222, 224
『당옥천사대통선사비명唐玉泉寺大
  通禪師碑銘』 151
당처當處 224
『대반야바라밀경』 52
『대승기신론별기』 206

『대승기신론』 89, 217, 231
『대승무생방편문大乘無生方便門』 139
『대승입능가경大乘入楞伽經』 19
대조보적大照普寂 153
『대지도론』 94
도선道宣 232
도신선사道信禪師 57, 91, 99
돈법頓法 122, 129
돈수頓修 111, 125, 126, 127
『돈오대승정리결頓悟大乘正理決』 200
돈오頓悟 22, 126, 127
『돈오진종론頓悟眞宗論』 207
『돈오진종요결頓悟眞宗要決』 207
돈정頓淨 123
돈정상頓淨相 125
두비杜朏 117

라싸 200

마조馬祖 170, 175
마하연摩訶衍 200, 214
막망莫忘 221
말나식末那識 96
망심忘心 232, 245
멸병滅病 254

묘각妙覺 127, 226
무공용無功用 88, 102, 239
무념無念 67, 221, 223
무상멸정無想滅定 157
무상無相 33, 55, 92, 168
무생無生 20, 23, 36, 39, 101, 104, 186, 210
무생법인無生法忍 20, 29, 35, 211
무소구행無所求行 185
무소유無所有 98
무수無修 136, 206
무수지수無修之修 26, 107, 126
『무심론無心論』 59, 223
무심無心 22, 23, 223, 224, 245
무억無憶 221
무여無如 24
무원무구無願無求 186
무작의無作意 107
무주無住 67
무주행無住行 66
문자선文字禪 196

『반야무명론般若無名論』 58
반야무지般若無知 58, 105
반야바라밀 93
반야선 51
반연진여선攀緣眞如禪 157, 159

266 달마선

『반주삼매경』 116
발보리심發菩提心 76, 77
방편지方便地 96
법계연기法界緣起 191
법무아法無我 168
법신法身 39, 101
법신불法身佛 124
법여法如 118
법운지法雲地 256
법융法融 50
벽관壁觀 237
변계소집성遍計所執性 36
보리유지菩提流支 19
『보림전寶林傳』 172
보살제7지 96
보살제팔지菩薩第八地 35, 231, 239
보신불報身佛 124
보원행報怨行 185
부사의사不思議事 157
북종 129
불공不空 56
불관不觀 102, 108, 202, 205, 206, 210
불립문자不立文字 46
불사不思 102, 202, 205, 206
불생불멸 168
『불설결정비니경佛說決定毘尼經』 120

불심佛心 73, 75, 81
불어심품佛語心品 13
불이법문不二法門 244
불이不二 70
불일不一 70
불종성佛種性 256
불지佛地 157
불행不行 206, 211, 213
비파사나(觀)행 242

사구四句 법문 133
사구四句 67, 129
사구四句의 선법 138
사마타관 241
사마타행 240, 241
사병四病 246
사사무애事事無碍 192
사종선四種禪 156
사혹思惑 77
삼구三句 법문 221
삼십칠조도품 16
삼해탈三解脫 23, 120
상구보리上求菩提 76
상락아정常樂我淨 66, 73
상분相分 21, 31
색구경천色究竟天 124
선문답禪問答 195

찾아보기 267

선병禪病 247
선복善伏 117
선오후수先悟後修 102, 187, 196
선혜지善慧地 256
소각所覺 56
소동파(소식) 47
소所 21, 31, 65
소취所取 72
『수심요론修心要論』 100, 102
수연행隨緣行 185
습기習氣 96
승조僧肇 58, 105
승찬 63
식심견성識心見性 203
식정識定 134
신수神秀 13, 118, 129, 131, 151, 182, 190, 203
『신심명信心銘』 63, 64
신증身證 194
실상염불實相念佛 88
실차난다實叉難陀 19
심량心量 34, 72
『심명心銘』 111, 181
심성心性 183, 217, 222, 243
심성을 알래識心見性] 223
심외무법心外無法 21
심일경성心一境性 176

심일경성心一鏡性 177, 186
심행처멸心行處滅 34, 61, 67
아뇩다라삼먁삼보리[無上正等覺] 76
앙산혜적仰山慧寂 165
애미愛味 241
약산유엄藥山惟嚴 170
양현지楊衒之 172
언어도단言語道斷 34, 61, 67
언하편오言下便悟 83, 203
여래선如來禪 157, 160, 170
여래성如來性 256
여래심지如來心地의 요문要門 13
여래지如來地 168
여래청정선 162
여리如理 127, 195
여여如如 24, 182
여환삼매如幻三昧 255
연화계蓮花戒 213
염불念佛 81, 90, 91, 99
염불선念佛禪 88, 91, 104
염불심念佛心 92, 100
염심念心 99
영지靈知 181
오문선五門禪 87
왕생염불 97
용수龍樹 174

우두법융牛頭法融 111, 181
우부소행선愚夫所行禪 157
『원각경』 82, 247
원각성 247
원행지遠行地 256
원효 90, 206, 232
위산 169
『유마힐소설경』 116
유무중도有無中道 67, 81, 221
유식唯識 13, 22, 229
유심무경계唯心無境界 71
유심소현唯心所現 71
유심唯心 23, 33, 72, 239
유심정토唯心淨土 119
『육조단경』 106
의생신意生身 39, 101
의타기성依他起性 36
이사무애理事無碍 186
이승二乘 256
이심전심以心傳心 81, 233
『이입사행론二入四行論』 18, 24, 48
『이입사행론장권자二入四行論長卷子』 61
이입二入 24
이입理入 24, 48, 185, 199
108구의 법상法相 244
일상삼매一相三昧 58, 88

일심법계一心法界 28
일심一心 23, 31, 38, 65, 182, 210, 239
일체지一切智 94
일행삼매一行三昧 88, 94, 182
임병任病 251
임운任運 26, 109
임제 25, 170
『입능가경入楞伽經』 19
『입도안심요방편법문』 95

자상自相 168
자성불自性佛 91, 97
자성선自性禪 220
자성정토自性淨土 119
자심소현自心所現 21
작병作病 247
적호寂護 213
전등傳燈 81
『전법보기傳法寶紀』 117
전의轉依 32, 72
『절관론絶觀論』 50, 111
절관絶觀 111, 221, 242
점법漸法 122, 129, 142
점정漸淨 123
점정상漸淨相 125
정각淨覺 13, 60

정중무상淨衆無相 134, 221
정토淨土 92
정통선 16
정학定學 130
정혜무이定慧無二 102, 177, 187, 229
정혜불이定慧不二 225
정혜쌍수定慧雙修 187
조사선祖師禪 25, 165, 169, 171
존삼수일存三守一의 선법 162
중관中觀 13, 229
즉심시불卽心是佛 35, 66, 99, 244
즉심즉불卽心卽佛 35, 102
즉심卽心 66, 71
지관타좌只管打坐 136
지병止病 253
지사문의指事問義 188
지사이문指事以問 188
직심直心 182, 186, 238
진공眞空 56
진언행眞言行 118
진여眞如 24, 65, 76, 111
징선사澄禪師 141

청화淸畫 139
청화淸華선사 97
초발심 78
초산소기楚山紹琦선사 116

최상승선[頓法] 16, 229
출세간상상지出世間上上智 168
측천무후則天武后 19
7종관문 149
칭명염불 119
칭법행稱法行 185

티베트 200

팔지보살 211

하택신회荷澤神會 85, 105, 129, 207
하화중생下化衆生 77
행입行入 24, 199
향엄지한香嚴智閑 165
현색玄賾 13, 42, 130
『현종론顯宗論』 105
혜가慧可 12, 184, 229
혜능慧能 119, 129, 155
혜만慧滿 45
호적胡適 12
홍인弘忍 42, 100, 189
화신불化身佛 124
화엄삼매 198
『화엄오교지관』 192
회향廻向 76

元照 朴健柱

전남 목포 출생.

전남대 사학과 졸업. 동 대학원 석사.

성균관대 대학원 문학박사(동양사).

성균관대, 순천대, 목포대, 조선대에 출강하였으며, 현재는 전남대 강사, 동국역경원 역경위원, 전남대종교문화연구소 전임연구원으로 있다.

저서에『중국고대의 법률과 판례문』, 역서에『풍토와 인간』·『집고금불도논형집古今佛道論衡』·『여래심지如來心地의 요문要門-대승입능가경 역주』·『능가사자기楞伽師資記』·『티베트밀교 무상심요법문』·『위없는 깨달음의 길, 금강경』·『선과 깨달음-초기선종법문 해설』등이 있고, 그밖에 여러 전공논문이 있다.

달마선

초판 인쇄 2006년 5월 16일 | 초판 발행 2006년 5월 23일
저자 朴健柱 | 펴낸이 김시열
펴낸곳 운주사 (136-036) 서울 성북구 동소문동 6가 25-1 청송빌딩 3층
전화 (02) 926-8361 | 팩스 (02) 926-8362
ISBN 89-5746-161-2 03220   값 10,000원
http://www.buddhabook.co.kr